F. Colli – W. Montanelli – D. Chibbaro

Antologia della Mediazione Civile

(Volume I)

La diffusione della Cultura della Mediazione

* * *

*Programmazione Neuro Linguistica (Pnl)
nella gestione del conflitto in mediazione*

* * *

Il ruolo dell'avvocato in mediazione

COLLANA GIURIDICA

Edito nel settembre 2012
Codice ISBN-13 978-1479254767
© *Marco Baroni*
e-mail stenos@stenos.it – fax 06.233248638

PREFAZIONE

La Mediazione Civile e Commerciale in Italia è stata introdotta, gradualmente, da pochi anni e ancora è un strumento poco conosciuto e pertanto vi sono ancora non pochi aspetti da chiarire e da sviluppare perché possa assolvere pienamente alla sua funzione. Da qui l'iniziativa di pubblicare una vera e propria Antologia della Mediazione Civile dove Mediatori Professionisti trattano i diversi aspetti non limitandosi ad una asettica e sterile panoramica bensì approfondendo ed analizzando le varie tematiche.

In questo volume, cui ne seguiranno altri, sono tre i capitoli: La diffusione della Cultura della Mediazione (di Fosca Colli); Programmazione Neuro Linguistica (Pnl) nella gestione del conflitto in mediazione (di Wanda Montanelli); Il ruolo dell'avvocato in mediazione (di Daniele Chibbaro).

INDICE SINTETICO

(l'analitico è a pag. 117)

➢ *Pag. 7 - La diffusione della Cultura della Mediazione civile* (di Fosca Colli):

➢ *Pag. 35 - Programmazione Neuro Linguistica (Pnl) nella gestione del conflitto in mediazione* (di Wanda Montanelli);

➢ *Pag. 80 - Il ruolo dell'avvocato in mediazione* (di Daniele Chibbaro).

Fosca Colli

Mediatore Civile Professionista
Giornalista (*)

La diffusione della Cultura della Mediazione Civile

Non esistono due persone che non si comprendono, esistono solo due persone che non comunicano
(proverbio africano)

La Mediazione civile in Italia è un istituto ancora giovane e, pertanto, c'è ancora poca conoscenza da parte della popolazione sulla sua utilità ed efficacia. Ecco allora l'importanza di porre in atto una serie di iniziative per diffondere la Cultura della Mediazione Civile nei vari ambiti, a partire da quelli locali dove più diretta ed incisiva deve essere l'azione di informazione. Recentemente, nel corso di un convegno presso la Camera dei Deputati – organizzato dal Forum Nazionale degli Organismi di Mediazione e dei Mediatori Civili – ho avuto modo di soffermarmi durante il mio intervento proprio sulla questione dell'informazione ma anche della disinformazione su tale questione per evidenziare ciò che ancora non si è fatto e ciò che, se fatto, non lo è stato in maniera efficace o chiara.

Avevo preso spunto da una rivista che mi era arrivata a casa la mattina stessa e che stavo leggendo in metropolitana. Era il periodico *"Automobile Club"* dell'Aci edita da Mondadori del mese di Luglio/agosto 2012: a pagina 37 c'era un articoletto intitolato *"L'auto si è danneggiata? Ecco come procedere"*. All'interno si parlava di Giudice di Pace, di avvocato, di Tribunale ma... NON un minimo accenno alla Mediazione civile! E questo nonostante già dal marzo 2012 era ormai entrata in vigore l'obbligatorietà per il risarcimento per danni derivanti da circolazione di veicoli.

Una disinformazione allarmante che fa da contrappunto alla scarsissima informazione sulla Mediazione Civile, sulla sua utilità e vantaggi.

Messaggi distorti

Un episodio mi è rimasto scolpito nella mente. Nella primavera del 2011 ero a casa di alcuni contadini nell'Agro Pontino. Gente semplice e senza grandi pretese. Si mangiava cibo genuino e in sottofondo la televisione era accesa. All'ora del Telegiornale tra una chiacchiera e l'altra si sentì la notizia che a partire da quel giorno per determinate questioni si sarebbe dovuta obbligatoriamente tentare una conciliazione in Mediazione prima di poter poi eventualmente proseguire in sede di giudizio. Emblematico il commento di un anziano colono che, "epurato" dai coloriti commenti così suonava: *"Mo se ne so inventanti un'altra! Scandaloso. Per portare uno in Tribunale tocca pagà un artro balzello e aspettare altro tempo. Ma a che serve mai sta mediazione???"*. Ecco il messaggio distorto che era passato: quello di perdita di tempo e di soldi da buttare alla finestra per avere giustizia.

Mediazione, uno spot discutibile

E sinceramente poco o niente è servito lo spot istituzionale varato dal Ministero di Giustizia, della durata di appena 44 secondi... neanche un giro completo di lancette di orologio. Nello spot, che aveva per protagonista la show girl Milly Carlucci, la si vedeva nel camerino insieme alla sartina; quest'ultima si mostrava preoccupata e alla domanda del perché, la sartina rispondeva affranta: *"Ho un problema legale"*... Già il termine legale dava da subito una idea di quello che la mediazione non è. La show girl la tranquillizzava dicendole di stare tranquilla che finalmente c'era la Mediazione; e seguiva una sintetica e frettolosa descrizione di cosa fosse la mediazione mentre andava in onda l'immagine di una mediazione svolta in una stanza più simile allo studio di un avvocato – con tanto di intera parete a libreria giuridica alle spalle e parti accompagnate dai rispettivi legali – e dove si "respirava aria" di formalità anche se il mediatore si sbracciava, sorridendo forzatamente, per dare idea di informalità. Lo spot istituzionale si concludeva con la frase *"Per ulteriori informazioni www.giustizia.it"*. A questo si affiancò anche una versione radiofonica dello spot (di 44 secondi) dove si udiva il medesimo testo del video (ossia il dialogo tra Milly Carlucci e la sartina e subito dopo le speaker che rimandava al sito del Ministero per saperne di più).

Lo spot con Gabriella Carlucci

Nel presentare la campagna informativa venne diramato dall'ufficio stampa del Dicastero il seguente comunicato: *"Da marzo 2011 diventerà obbligatorio il tentativo di mediazione fra le parti in caso di controversie civili. La mediazione è l'attività professionale svolta da un terzo imparziale e finalizzata ad assistere due o più soggetti sia nella ricerca di un accordo amichevole per la composizione di una controversia, sia nella formulazione di una proposta per la risoluzione della stessa. Può svolgersi presso enti pubblici o privati che sono iscritti nel registro tenuto presso il Ministero della Giustizia e che erogano il servizio di mediazione nel rispetto della legge, del regolamento ministeriale e del regolamento interno di cui sono dotati, approvato dal Ministero. Si tratta quindi di un importantissimo strumento alternativo di risoluzione delle controversie civili, finora previsto solo come facoltativo ai procedimenti ordinari che si svolgono nelle aule dei tribunali. Uno strumento, tuttavia, ancora poco conosciuto dai cittadini, ma in grado di rendere decisamente più rapidi i tempi della giustizia civile e di incidere fortemente sullo smaltimento dell'enorme arretrato di cause civili, che attualmente ammonta a circa 5,5 milioni di procedimenti pendenti"*. Il comunicato stampa concludeva annunciando che *"per diffondere nei cittadini questa nuova cultura e abbandonare l'unica via della giustizia ordinaria, dal 5 novembre 2010 andrà in onda, sulle reti Rai, uno spot televisivo per promuovere la campagna di comunicazione fortemente voluta dal ministro Alfano e che vede come testimonial Milly Carlucci. Maggiori approfondimenti saranno disponibili, inoltre, sulle pagine del sito internet ministeriale, all'indirizzo www.giustizia.it"*. A dire il vero fu una campagna che ebbe la durata del passaggio di una meteora tant'è che, purtroppo, ancora oggi la stragrande parte della popolazione italiana non ha la benché minima idea di cosa sia la Mediazione Civile. Inoltre lo spot andò in onda solo sulla Tv di Stato che, nonostante sia senza dubbio ampiamente seguita, non è certo l'unico organo di informazione e forse sarebbe stato essenziale trovare il modo che fosse trasmesso anche dagli altri network radio/televisivi. Lo spot ministeriale, come ricordato, concludeva con la rassicurante frase: *"Per ulteriori informazioni www.giustizia.it"*… il che ha destato una certa perplessità. E' vero che siamo in era telematica, ma è anche vero che non tutti hanno ancora dimestichezza con i mezzi informatici.

Allora viene alla mente il celebre *"contadino di Poggio Bustone"* della scenetta del comico Raimondo Vianello. Ricordo quale: Vianello discuteva con un dirigente Rai circa un copione. Questi lo interrompeva diverse volte con il pretesto che il contadino di Poggio Bustone non *"capisce o non vuole certe cose"*. Esasperato, il giorno dopo Vianello partiva in macchina ed arrivato a Poggio Bustone vide un contadino in mezzo al campo e, sceso dall'abitacolo, gli andò incontro e lo riempì di epiteti in quanto era colui, *"contadino di Poggio Bustone"*, che gli impediva di fare le sue scenette....

Ma il *"contadino di Poggio Bustone"*, così come l'altrettando celebre *"casalinga di Voghera"* (con cui si intende rappresentare uno stereotipo della fascia della popolazione italiana piccolo-borghese, dal basso livello di istruzione e che possiede un lavoro generalmente molto semplice o umile) sono una realtà... rappresentano le persone semplici che hanno il pieno diritto di essere informate senza doversi "arrabattare" non essendo stata fatta alcuna campagna informativa con diffusione a tappeto (negli uffici postali, nei bar eccetera) di opuscoli dove, anche con l'utilizzo di disegni e schemi di facile lettura e interpretazione, venga spiegata cosa sia la Mediazione Civile e i suoi vantaggi.

Tra la gente, anche tra chi è di ceto più elevato, o quanto meno con una certa istruzione, regna la confusione totale e serpeggia l'idea di inutile spreco di soldi e di tempo. A generare ulteriore disinformazione e disorientamento,

taluni avvocati che strenuamente continuano a remare contro se non a sminuire il valore intrinseco, e anche sociale, della Mediazione Civile. C'è chi la vuole "etichettare" come un mero passaggio, alquanto fastidioso ed inutile, come avvenuto con i tentativi di conciliazione presso l'Ufficio del Lavoro.
Pertanto sulla Mediazione Civile impera la disinformazione a tutto campo e non c'è nulla di peggio della dis-informazione infida, scientifica, condotta ad arte.
Recentemente fa parlando con il responsabile di un Organismo di Mediazione mi sono stati riferiti degli episodi a dir poco emblematici. L'Organismo aveva avviato una campagna pubblicitaria sia su riviste di settore, quali quelle immobiliari, sia sui mezzi pubblici. Ebbene, i risultati non sono mancati. In effetti persone hanno iniziato a contattare la Segreteria per lo più per porre domande. Ma nella stragrande maggioranza dei casi a chiamare erano persone che mai avevano sentito parlare della Mediazione Civile o che avevano quel nome che gli ronzava nell'orecchio senza minimamente sapere di cosa si trattasse.
Due soli esempi: un signore chiedeva quanto gli sarebbe costato e cosa avrebbe dovuto fare affinché l'Organismo intercedesse nella compravendita di un immobile (in pratica pensava che ci si trovasse al cospetto di una ditta specializzata in intermediazione immobiliare); una signora, invece, voleva sapere come si sarebbe dovuta comportare con la colf, per i trattamenti economici, le ferie, i diritti e doveri... insomma la signora che aveva telefonato all'organismo era convinta che si trattasse di una sorta di Caf.

Disinformazione? Ecco l'<antidoto>

Impera la disinformazione. Si deve correre quanto prima ai ripari per evitare che passi l'idea, poi difficile da sradicare, e che al momento è latente – in fondo proprio dovuto alla non conoscenza da parte della popolazione – che la Mediazione Civile sia un qualcosa che non serva e sia solo una seccatura. L'antidoto? Un antidoto che può essere alquanto efficace e diretto è che ogni mediatore, in questo assoluto vuoto informativo, si attivi in maniera autonoma per far conoscere la Mediazione Civile. Non si può attendere che *"piova dall'alto"* il tocca sana che diffonda la cultura della mediazione civile. Si deve prendere contatto con le associazioni, con le scuole (di ogni ordine e grado) con gli enti locali... si deve scendere tra la gente per dire e far capire cosa è la Mediazione Civile. E questo lo sto facendo personalmente nelle zone che, occupandomi da anni di cronaca locale, ben conosco.

Molti hanno conseguito l'abilitazione a Mediatore Civile abbinandola ad un'altra professione, attività, lavoro, in sostanza un metodo per cercare solamente di arrotondare lo stipendio. Lo sbagliato sta nel considerarla una professione "accessoria", che si fa a tempo perso e solo se l'Organismo affida una Mediazione. Potrà sembrare un qualcosa di fastidioso, estenuante, quasi un combattere contro i mulini a vento, ma ci si deve mettere l'impegno a tutto campo per la diffusione della Cultura della Mediazione civile; piaccia o non piaccia, chi è Mediatore Civile deve affrontare questa professione come una missione. E così in questa fase deve necessariamente essere. Si deve sacrificare qualcosa per far sì che la Mediazione cresca. Il seme è stato messo nella terra e sta a noi tutti riuscire a far sì che la piantina si possa sviluppare e diventare rigogliosa e non rimanere un qualcosa di asfittico e sterile. Solo l'insistere rende tutto possibile. Rifacendosi al Tao, l'acqua è un elemento fondamentale per raggiungere il successo. Se si vuole raggiungere uno scopo si deve essere come la goccia d'acqua: solo l'Acqua è infatti capace di sostenere battaglie di centinaia, migliaia di anni contro avversari apparentemente indistruttibili, ed essere sempre la vincitrice finale; goccia dopo goccia infatti l'Acqua può disintegrare una roccia. E in questo caso serve a disintegrare il muro dell'ignoranza (ossia nel senso puro, della "non conoscenza") e della diffidenza nei confronti della Mediazione Civile per arrivare a farne capire tutti i risvolti positivi facendo dissolvere la nebbia che ancora la avvolge. Colgo l'occasione per riportare alcuni aforismi di Confucio che si adattano bene al tema che sto trattando.

1 – "*Il letterato che ama starsene a casa non può esser considerato un vero letterato*", che, adattandolo alla Mediazione, si può benissimo "rileggere" come "*Il Mediatore che ama starsene a casa non può esser considerato un vero Mediatore*" nel senso che si deve scendere tra la gente per diffondere la Cultura della Mediazione civile e non starsene rintanati e passivi nel proprio studio in attesa dell'evolversi degli eventi;

2 – "*Chi vede il giusto e non lo fa, è senza coraggio*": in questa alba della Mediazione, i Mediatori devono assumersi l'onere di diffondere la Cultura della Mediazione e non lamentarsi che il tutto stenta a decollare;

3 – "*Non importa se vai avanti piano, l'importante è che non ti fermi*" è palese che il percorso non è agevole, che

c'è chi naviga contro la Mediazione e chi ancora nulla sa cosa sia; ma soltanto il perseverare può portare a risultati. La strada è tutt'altro che in discesa, ma in fondo sono le sfide che danno sapore alla vita e ogni piccolo passo fatto nella salita impervia non può che dare grande soddisfazione e rappresentare un passo verso la vittoria.

4 – *"Una minuscola impazienza può rovinare un grande progetto"*, visto il muro di diffidenza e di scarsa conoscenza circa l'efficacia della Mediazione civile in Italia, si potrebbe avere il desiderio di gettare la spugna, il che vanificherebbe anche ilo poco che si era fatto;

5 – *"La felicità più grande non sta nel non cadere mai, ma nel risollevarsi sempre dopo una caduta"* un aforisma che racchiude in sé tutti i concetti che ho appena espresso.

Iniziative lodevoli ma tanto c'è ancora da fare

Al momento la cultura della Mediazione civile viene diffusa solo in maniera estemporanea, senza che vi sia una pianificazione organica. Fioccano le iniziative ma sono come "scollate" tra di esse anche se ogni sforzo, anche il minimo, è sicuramente degno di apprezzamento ed attenzione. A tenere banco anche *"l'autostrada telematica"*: si utilizza la potenza di Internet per cercare di mettere in contatto tra di essi gli operatori della Mediazione Civile in modo che, in sinergia, si possa fare quel qualcosa in più per "allargare la torta" (termine tanto caro a noi Mediatori professionisti) e soprattutto far arrivare alle singole persone il messaggio sull'utilità e positività del ricorso alla Mediazione in caso di conflitto non solo nelle materie obbligatorie ma nella vita di tutti i giorni. Fervono le iniziative sul social network Linkedin sempre più frequentato dai professionisti e dove si sono costituiti numerosissimi gruppi di discussione composti da Mediatori per approfondire le varie tematiche o anche per il tam-tam di iniziative "ad hoc". Una opportunità che sta, ad esempio, sfruttando il Forum Nazionale degli Organismi di Mediazione e dei Mediatori Civili che proprio grazie a Linkedin ha organizzato e sta organizzando convegni seguitissimi in tutta Italia, tavoli tecnici di lavoro a disposizione della classe politica di qualsiasi schieramento, per l'elaborazione di disegni di legge, emendamenti, ordini del giorno.

Anche i vari Organismi di Mediazione varano iniziative in tal senso coinvolgendo Enti locali ed Istituti. E gli argomenti sono sempre di estremo interesse.

Si rimarca, durante queste convention, come sia importante la Mediazione Civile, soffermandosi sui vari aspetti della conciliazione: obbligatoria e facoltativa, nonché sull'importanza che la stessa assume per dirimere la lite in modo bonario (accordo tra parti), celere (chiusura del procedimento entro quattro mesi dal deposito della domanda) ed economico (esenzione imposta di bollo, esenzione imposta di registro entro i limiti di 50 mila euro, credito d'imposta commisurata all'indennità stessa fino alla concorrenza di 500 €). Viene osservato, che la conciliazione è un meccanismo antico, già presente nel nostro ordinamento, ma poco diffuso nella nostra vita quotidiana (*Rem ubipacunt, orato. Ni pacunt, in comitio aut in foro ante meridiem caussam coiciunto.* Frammento, questo, indicato nelle XII tavole del diritto romano). Viene ricordato come il legislatore con il decreto legislativo

28/2010 ha ritenuto di rendere obbligatorio il tentativo di mediazione in materia di diritti reali, divisione, successioni ereditarie, patti di famiglia, locazione, comodato, affitto di aziende, risarcimento del danno derivante da responsabilità medica e da diffamazione a mezzo di stampa o con altro mezzo di pubblicità, contratti assicurativi, bancari e finanziari e obbligatorietà anche in materia condominiale e risarcimento del danno derivante da circolazione di veicoli e natanti, nel tentativo di decongestionare il processo civile.

Non mancano poi le osservazioni sulle ostilità mostrate verso questo istituto soprattutto da parte di ambienti restii alle liberalizzazioni e ciò, nonostante, l'utilità di una procedura che si proietta nell'ottica della riduzione dei costi e dei tempi del processo civile e che pertanto la rende estremamente vantaggiosa per la collettività oltre che straordinariamente competitiva. Viene sottolineato, il ruolo dei mediatore che terzo, neutrale, cerca di agevolare il confronto tra le parti in lite al fine di giungere a un accordo reciprocamente soddisfacente grazie all'altissima professionalità basata su qualità e formazione che lo stesso deve offrire. Infatti, oltre a dover avere il possesso del diploma di laurea o essere iscritto ad un Ordine Professionale deve aver conseguito una specifica formazione, articolata in corsi teorici e pratici, comprensivi di sessioni simulate, oltre a formazione continua e di affiancamento.

Tanti bellissimi concetti e parole. E allora tutto va bene? Non proprio, dato che tutto questo viene ripetuto solamente tra i professionisti della Mediazione, siano essi rappresentanti di Organismi, Mediatori, Formatori.

A tutte queste iniziative non partecipa la cosiddetta gente comune. Anche nel caso si tratti di convention a "porte aperte", in locali dove chiunque potrebbe venire per assistere, in realtà le facce in platea sono sempre più o meno le stesse. Insomma partecipano solo gli addetti al settore. Segno inequivocabile come vi sia questo profondo solco tra chi è specializzato nel condurre le mediazioni e chi dovrebbe essere l'unico vero protagonista della mediazione stessa ossia la persona di per sé a prescindere dal suo background culturale, dalla sua età, dal suo sesso, dal contesto in cui vive, sia in case popolari sia in ville sontuose. E questo perché la Mediazione non guarda al censo o alle capacità intellettive delle parti ma le aiuta per individuare i loro reali interessi per arrivare a metterle d'accordo. E non sempre si tratta di questioni economiche: delle volte il ricevere semplicemente delle scuse può fare miracoli.

"I love Mediazione Civile"

La Mediazione Civile è ormai obbligatoria per molte  materie anche se è uno strumento validissimo cui poter ricorrere anche volontariamente quando ci si rende conto che non si riesce a gestire o a risolvere un conflitto in essere. Timidamente iniziano ad essere avviate delle campagne informative "*fai da te*". E' nata recentemente dalla collaborazione di alcuni siti web ed alcune associazioni no-profit quella caratterizzata dallo slogan "*I love mediazione civile*"; un motto volutamente molto semplice, quasi banale, hanno spiegato i promotori, per permettere a tutti di coglierne subito il senso. E, difatti, il significato del logo risulta subito molto evidente ed è rafforzato da un accorgimento grafico molto originale: il classico cuore del più famoso "*I love New York*" è qui rielaborato da una stretta di mani racchiuso per l'appunto in un cuore rosso fuoco. Sono state fatte centinaia di magliette, spille e adesivi (tutti rigorosamente autofinanziati e fuori commercio) pronte ad invadere anche i tribunali e le aule parlamentari. L'intento è quello che i riflettori rimangano costantemente puntati sempre e soltanto sull'istituto della mediazione civile. Lo scopo è soltanto quello di mettere al corrente la gente dell'esistenza di questo nuovo strumento giuridico in modo da poterne scoprire tutti gli innumerevoli vantaggi. Insomma, alla base di tutto vi è una questione molto seria ed importante: la non facile introduzione di un nuovo strumento giuridico che si propone il "modesto" scopo di rivoluzionare la giustizia civile italiana. Sembrerebbe una cosa positiva e degna di lode, facilmente condivisibile da tutti e, pertanto, di semplice e veloce adozione. Invece, in Italia le idee migliori non sono mai né semplici, né veloci da mettere in pratica. Questa rivoluzione, infatti, passa necessariamente attraverso la drastica riduzione del numero di cause da far giungere in tribunale in modo da permettere di smaltire decenni di arretrato giudiziario. Sono appunto i mediatori civili che dovrebbero occuparsi di ridurre il numero di controversie da far arrivare davanti al giudice. È quindi facile comprendere il motivo per il quale alcune categorie professionali (quelle che con le cause ci lavorano) stiano facendo di tutto per impedire che questo istituto possa prendere piede.

"Boom" per la Mediazione civile
con la chiusura di sedi distaccate dei Tribunali?

La Mediazione civile, approdata in sordina in Italia, potrebbe avere un'accelerazione grazie al fatto che il Governo Monti ha deciso, nell'ambito dei tagli "anti-spread", la chiusura di alcune sedi distaccate dei Tribunali che, paradossalmente, erano state non molti anni fa, costituite con l'intento di disingolfare le sedi esistenti; sedi distaccate che poi si sono trovate a loro volta ingolfate per la carenza del personale, magistrati in primis, con rinvii anche di oltre un anno tra una seduta e l'altra e montagne di cartelle ammucchiate in attesa di essere prese in considerazione. La soluzione che venne individuata originariamente si era rivelata quindi non ottimale nonostante i buoni intenti. Disagi allora si immagina si faranno ancor più pesanti per chi è parte in un procedimenti civile che dovrà nuovamente "migrare" nelle sedi principali con le solite esasperanti lungaggini dei processi e chilometri di strada macinati per presenziare alle udienze. A voler essere ottimisti, si potrebbe vedere in questo un qualcosa di positivo: pur di poter risolvere le controversie "sotto casa" i cittadini potrebbero prendere forse prima consapevolezza dei benefici della Mediazione così che i Mediatori stessi potrebbero essere destinati a diventare una categoria professionale molto ricercata. Insomma facile prevedere che la mediazione civile e commerciale e non solo si potrebbe inevitabilmente imporre maggiormente in queste zone private di tribunali e/o sezioni distaccate. Il cittadino piuttosto che risolvere la controversia in luoghi lontani per ottenere una giustizia lenta e costosa si sentirà più motivato a rivolgersi ai (mi si  consenta la forzatura terminologica) "tribunali della mediazione" che gli consentono la risoluzione della controversia personalmente, a zero costi di giustizia, rapida (dovendosi concludere al massimo nell'arco di 4 mesi) con un mediatore professionista e neutrale in una delle sedi di mediazione più vicina alla sua residenza o domicilio. E' innegabile pertanto che la Mediazione, esercitata da professionisti competenti e responsabili può, da un lato, far emergere opportunità e soddisfare interessi autentici e, dall'altro, alleggerire il contenzioso che da tempo intasa le cancellerie e le aule dei Tribunali. La dimostrazione? I numeri snocciolati dal Dipartimento di Statistica del Ministero della Giustizia: in più del 70% dei casi, quando le parti *"si siedono attorno al tavolo della mediazione"*, i procedimenti si concludono con un verbale di componimento bonario. Positivo il fatto che si sta abbattendo il muro innalzato da alcuni componenti della classe forense nei confronti della Mediazione: basti pensare che il 60% dei mediatori accreditati è costituito da avvocati (dato ufficiale del Dipartimento di Statistica). Certo, non mancano i detrattori della riforma come già ricordato, anche se un po' alla volta si stanno "obtorto collo" ricredendo.

La Mediazione? A suon di musica!

Mentre in Italia ancora della mediazione si parla poco, all'estero fioriscono le iniziative proprio per diffondere sempre più la Cultura della Mediazione.
E ogni strategia può ri-velarsi vincente, soprattutto se di piacevo-le impatto sulla popolazione... e gli esperti di marketing lo sanno bene: un utente contento è il migliore "veicolo pubblicitario" grazie al passaparola dopo essere

stato contagiato dall'entusiasmo e dalla soddisfazione. Una delle più originali e che mira ad entrare letteralmente nelle case di tutte le persone consiste in un vero e proprio video musicale realizzato dalla Lambda Film Uk in Inghilterra e in lingua inglese. Dal ritmo incalzante, orecchiabile ed accattivante illustra cosa sia la mediazione in maniera simpatica, ironica ma estremamente seria nei contenuti.

Una scena del video musicale

E' intitolato *"That's Mediation!"* (*"Questa è la mediazione!)"* della durata di 3 minuti e 32 secondi sta spopolando anche su internet sul sito You Tube (www.youtube.com/watch?v=xL-cdcpu7Ms&feature=player_embedded).

E' stato commissionato alla Lambda Film, una ditta specializzata in campagne informative anche multimediali, dall'istituto giuridico di Hatch Brenner che ha voluto fosse creato un video online per coinvolgere e informare, l'opinione pubblica sulla mediazione, un'alternativa più semplice alla controversia. Lo scopo del filmato era far sì che in chi avesse visto quelle immagini così briose la mediazione fosse rimasta incisa nella mente per quanto possibile. A tal fine, si era deciso di creare un video di musica spensierato impostato su una composizione musicale originale che rimanesse nella testa delle persone. *"That's Mediation!"* è solo una prima tappa. Al fine di fornire ulteriori informazioni agli spettatori interessati, Lambda Film ha creato tre video aggiuntivi sul backstage, ossia sul dietro le quinte del video e il processo legale stesso. Questi mini-filmati sono vedibili su YouTube e vi si "accede" dalla stessa pagina dove si può vedere *"That's Mediation!"*. Il video è stato promosso anche su Twitter e è stato il più ri-tweettato (ossia rimandato ai propri contatti dagli utenti che lo avevano ricevuto) nei primi due giorni della campagna. Un vero successo anche in America e in Canada e non sarebbe male se una idea simile fosse ripresa in Italia.

La Mediazione in aiuto delle famiglie e delle scuole nella lotta al bullismo

Non esiste solo la Mediazione obbligatoria, ma anche quella volontaria che può essere importantissima in alcuni ambiti. Per la diffusione della Cultura della Mediazione bisogna intervenire nelle famiglie, nelle scuole e nelle università per lo sviluppo e la condivisione ai valori quali la fraternità, la solidarietà ed il perdono. La formazione a tali valori non può essere delegata al legislatore né imposta con legge. Un soggetto educato a tali principi sarà più incline a tentare una soluzione amichevole di una controversia giudiziaria

E quindi ritorno al concetto che la cultura della Mediazione si diffonde non con convegni per chi già la materia ben la conosce – fermo restando ovviamente che è fondamentale potersi confrontare costantemente con i colleghi – bensì avendo un rapporto diretto con le persone. E si non si devono trascurare i più giovani, perché proprio loro forse potrebbero meglio recepire i fattori positivi di questo istituto così nuovo in Italia e potrebbero a loro volta poterne usufruire oltre a trasmettere la conoscenza e convinzione della sua efficacia a chi è vicino loro, a partire dai genitori, altri parenti ed amici.

Il fatto potrebbe far sorridere, ma è una cosa serissima su cui non ironizzare. Non a caso negli Stati Uniti – e non solo – Paese dove la Mediazione civile è da decenni radicata e ritenuta uno strumento

L'insegnamento della mediazione nelle scuole negli Usa ha consentito di arginare il bullismo

irrinunciabile per evitare di demandare ad altri le decisioni, si coinvolgono i giovanissimi per far capire come con la Mediazione possa risolvere i problemi di tutti i giorni. E risultati, a dir poco formidabili, sono palpabili: In quegli istituti di istruzione dove si svolgono corsi e lezioni sulle tecniche di Mediazione civile e risoluzione dei conflitti con tanto di simulazione, i casi di bullismo sono notevolmente diminuiti. Un vero e proprio successo. Particolarmente efficace si è rivelata per arginare fenomeni di bullismo tanto che vi sono istituti di istruzione che fanno parte delle così dette "scuole-friendly" con relativo Programma Famiglie. Negli Stati Uniti i professionisti della Mediazione pubblicizzano proprio servizio per la tutela dei minori dalle angherie di loro coetanei. Di seguito ecco un esempio tra i tanti; ecco cosa si legge nella sezione "*Mediazione e bullismo*" di un sito di una Adr statunitense: "*Il vostro bambino è vittima di bullismo o coinvolti nel bullismo di un altro? Vi state chiedendo cosa si può fare? Chiamaci per una consulenza gratuita di 15 minuti su come la mediazione può aiutare voi e il vostro bambino!*

Come faccio a sapere se mio figlio è vittima di bullismo?
- ✓ *Essere consapevoli dei segni di sofferenza, come la riluttanza a frequentare la scuola, fenomeni insoliti di malattia, attrezzature e abbigliamento danneggiati eccetera;*
- ✓ *scoraggiare ritorsioni pianificate, sia fisiche sia verbali;*
- ✓ *assistere il bambino per sviluppare modi efficaci per comunicare attraverso la discussione e la modellazione.*

Che cos'è il bullismo? Il bullismo è un comportamento ripetuto ingiustificabile:
- ✓ *che può essere messo in atto con violenze fisiche, verbali e /o psicologiche*

- ✓ che è destinato a causare paura, angoscia o danno ad un altro
- ✓ che viene condotto da un individuo più potente o un gruppo nei confronti di un individuo meno potente che non è in grado di resistere in modo efficace

Il bullismo può essere:
- ✓ diretto o indiretto
- ✓ fisico
- ✓ non fisico
- ✓ non verbale

Il bullismo diretto fisico può assumere la forma di:
- ✓ botte, schiaffi, pugni
- ✓ calci
- ✓ spinte, strangolamento
- ✓ sputi, morsi
- ✓ pizzicotti, graffi
- ✓ lancio di oggetti o di sassi

Il bullismo può essere anche indiretto: è quando una persona ne istiga un'altra a fare del male a qualcuno

Il bullismo con violenza fisica diretta può assumere la forma di:
- ✓ insulti cattivi ed offensivi
- ✓ prese in giro
- ✓ richiesta di denaro o di beni
- ✓ costringere un altro a fare i compiti o a commettere reati come ad esempio il furto

Il bullismo con violenza fisica indiretta può assumere la forma di:
- ✓ diffusione di dicerie
- ✓ cercare di far sì che gli studenti non apprezzino qualcuno

Il bullismo con violenza diretta non verbale può assumere la forma di:
- ✓ gesti minacciosi
- ✓ gesti osceni

Il bullismo con violenza indiretta non verbale può assumere la forma di:
- ✓ esclusione deliberata da un gruppo o da una attività
- ✓ nascondere effetti dannosi degli altri

Mediazione e bullismo: che cos'è la mediazione?
- ➢ La mediazione è un processo attraverso il quale un terzo (il mediatore) che aiuta a risolvere i vostri problemi.

Come può il mediatore aiutare?
- ➢ Il mediatore assiste le parti a esplorare le questioni di interesse e generare opzioni per risolvere questi problemi in modo tale che le parti possano andare avanti in uno spirito di cooperazione.
- ➢ La mediazione si svolge in un ambiente sereno e non minaccioso, in cui il bambino si può sentire completamente al sicuro e in grado di esprimersi liberamente.

Cosa farà il Mediatore?

- ✓ Il mediatore si incontrerà individualmente con ciascuna delle parti interessate per ottenere informazioni iniziali sulla controversia.
- ✓ Sarà stabilito un tempo di incontro per la mediazione e un luogo piacevole per tutte le parti.

Cosa succede durante la mediazione?
- ✓ Il mediatore apre la sessione illustrando il processo di mediazione per tutte le parti. Ciascuna parte ha quindi la possibilità di presentare le sue informazioni in merito alle azioni.
- ✓ Viene concordato una "scaletta" che si occuperà di tutti i problemi e le preoccupazioni.
- ✓ Questi problemi e le preoccupazioni saranno ampiamente discusse fino a quando ciascuna parte ritiene che i temi siano stati completamente trattati
- ✓ Il mediatore poi fa una pausa per le sessioni private con ciascuna delle parti interessate Queste sessioni sono riservate e nulla di quanto viene detto viene menzionato nella sessione successiva aperta, a meno che le parti intendano illustrare qualcosa che è stato discusso nella sessione privata.
- ✓ Il mediatore porta poi a tutte le parti di nuovo insieme per una discussione aperta per decidere su come possono risolvere questi problemi in un modo che a vantaggio di tutte le parti.

Mediazione e bullismo: cosa possono fare i genitori?
- ✓ Contattarci subito per una consulenza gratuita 15 minuti su come la mediazione può aiutare voi e il vostro bambino!

✓ *Informarsi se la tua scuola fa parte del progetto delle scuole-friendly e Programma Famiglie. Contatta la scuola, se ritieni che il tuo bambino sia vittima di bullismo.*

Anche in Italia la Mediazione civile inizia timidamente ad entrare nelle scuole. Ad esempio un Organismo di mediazione ha varato il progetto sperimentale coinvolgendo un Istituto Tecnico per il Turismo di Palermo, uno Parma e uno di Torino dal titolo *"Educazione alla mediazione"* che prevede l'insegnamento nelle scuole medie superiori della materia della mediazione civile e commerciale, con lo scopo di diffondere nelle aule tra i giovani la cultura della negoziazione per una migliore convivenza civile tra gli studenti. Saranno predisposti dei corsi per tutte le classi terze e quarte con lezioni che aiuteranno i ragazzi ad assumere un atteggiamento positivo in caso di lite. La materia della mediazione sarà compresa all'interno delle stesse ore dell'insegnamento del diritto. Una'iniziativa si inserisce nell'ambito del programma di educazione alla legalità e alla cittadinanza attiva. Questo per ribadire ancora una volta, se mai ce ne fosse stato bisogno, che la mediazione rappresenta un valido ed efficace strumento per la risoluzione di varie forme di conflitto che a diverso titolo possono generarsi nei più diversificati ambiti sociali, pertanto, può essere applicata in tutti quei contesti del vivere quotidiano dove possono nascere contrasti, incomprensioni. Quindi, anche in ambito scolastico oltre che in contesti lavorativi, familiari, commerciali, sociali, culturali e tanti altro ancora. La Mediazione non a caso è ritenuta strumento per la "pace sociale" in quanto consente di mantenere rapporti in tutti quei contesti dove la relazione deve continuare (esempio: rapporti tra soci, condomini, familiari). Sicuramente non è un percorso facile, ma con costanza si riuscirà a far sì che anche nel nostro Paese la Mediazione Civile diventi prassi normale e non più guardato con diffidenza. D'altronde i vantaggi ci sono tutti. Il dibattito è aperto e vi è chi auspica che si amplii ancor di più il ventaglio di contenziosi che possano essere risolti, obbligatoriamente o volontariamente, con l'ausilio di un terzo imparziale.

***

L'AUTRICE

Fosca Colli, Giornalista di Roma iscritta all'Ordine dal 1985, è Mediatore Professionista Civile e Commerciale dal 2011. E' accreditata presso Organismi di Mediazione operanti in tutta Italia. Durante la propria attività professionale ha affrontato e aiutato a risolvere varie questioni laddove vi fossero conflitti in essere tra parti diverse in un ventaglio di contenziosi sorti sia tra privati, sia nel rapporto tra dipendenti siano stati questi di Ente Privato sia di Ente Pubblico. Autrice del volume "*La Mediazione Civile in Italia – Il percorso normativo*" (Luglio 2912, Codice ISBN-13 978-1478122265, disponibile sul sito www.amazon.it sia in brossura sia in versione e-book). Si dedica attivamente alla diffusione della Cultura della Mediazione Civile, anche con Seminari specifici. Esperta anche in campo della Mediazione on-line: nel febbraio/marzo 2012 ha tra l'altro preso parte al Virtual Mediation Lab, Laboratorio virtuale di Mediazione (con simulazioni via Skype), Progetto pilota della Association for Conflict Resolution - Hawaii Chapter di Honolulu. Ha partecipato a convegni sulla risoluzione dei conflitti, tra i quali, nel giugno 2012: "*Il Futuro del Diritto - Tra tagli e necessità di favorire la cultura della conciliazione soprattutto in ambito condominiale*" (organizzato presso la Sala Mercede della Camera dei Deputati) nonché quello su "*La Mediazione Civile: una sfida da vincere nell'era della globalizzazione e di Internet*", (organizzato presso la Regione Lazio da Adr Concordia Italia in collaborazione con Assomediazione e l'Associazione Le Toghe).

Wanda Montanelli

Mediatore Civile Professionista
Giornalista - Massmediologa (*)

Programmazione Neuro Linguistica (Pnl) nella gestione del conflitto in mediazione

"Colui che ha occhi per vedere e orecchie per intendere si convince che ai mortali non è possibile celare alcun segreto. Chi tace con le labbra, chiacchiera con la punta delle dita, si tradisce attraverso tutti i pori"
Sigmund Freud

Il compito del mediatore è facilitato dall'uso di un linguaggio comprensibile e immediato. Grande attenzione va posta, prima di ogni strategia comunicativa, alla disposizione psicologica e alle aspettative dei soggetti presenti in mediazione che dovranno avere la consapevolezza di essere ascoltati nelle proprie tesi e di essere capiti nei propri bisogni. L'empatia del mediatore è fattore di agevolazione del rapporto che si instaura tra sconosciuti, ed oltre questo tipo di doti naturali di attrazione che ogni professionista può più o meno avere, lo sviluppo delle tecniche di PNL fornisce validi strumenti psicologici di intervento per influire sugli schemi comportamentali dei propri interlocutori.

Il processo comunicativo è interazione tra le parti attraverso codici non scritti e non detti che hanno efficacia in quanto sollecitano emozioni a lettura diretta con l'inconscio.
Il canale comunicativo verbale può essere rafforzato o smentito dal linguaggio dei gesti e suscitare aperture o chiusure nell'interlocutore che a sua volta dimostrerà con codici espressivi istintivi di gradire o rifiutare il messaggio detto o manifestato.
"Parlare con il corpo" è espressione naturale di ogni essere umano. La conoscenza di tali modelli comunicativi può limitare, per volontà propria, la "trasparenza del pensiero", ma risulta impossibile annullare del tutto il linguaggio del corpo. L'esperto è in grado di utilizzare particolari efficaci modalità di comunicazione allo scopo

di ottenere risposte positive in occasione di colloqui individuali o in incontri di gruppo.

La PNL (Programmazione Neuro Linguistica) è un insieme di tecniche che permettono non solo di comprendere le persone che incontriamo, ma di interagire con le stesse a livello psicologico per accompagnarle verso la soluzione di problemi. Le conoscenze in questo campo permettono di captare segnali, che poi divengono, se correttamente interpretati, chiavi d'accesso allo scrigno che racchiude pensieri reconditi. Il messaggio non verbale è trasmesso attraverso particolari visibili come movimenti dei muscoli del volto, gesti con le mani, movimenti oculari o labiali.
E' abbastanza diffusa la conoscenza del gesto di strofinarsi il naso quale indice di falsità, o comunque di imbarazzo. Chiaramente va valutato il contesto in cui il gesto è compiuto per non confondere un fastidio dovuto ad un raffreddore che induce a strofinare il naso con un segnale di simulazione della verità.

La Programmazione Neuro Linguistica è nata nel 70 negli Stati Uniti dal matematico, Richard Bandler, e dal linguista, John Grinder. *Programmazione* poiché mette in atto schemi comportamentali o programmi che realizzano in modo inconsapevole effetti nell'atteggiamento del soggetto di scambio comunicazionale. Riguarda i processi *neurologici* del comportamento umano, come percezioni e rappresentazioni, e interessa il sistema dei processi mentali umani che sono codificati attraverso il *linguaggio*. E' lo studio della struttura dell'esperienza soggettiva, e si propone di offrire un vocabolario ampio e attendibile per la

lettura della cosiddetta scatola nera (*'black box'*) che racchiude i contenuti elaborati dal processo mentale di ogni persona. L'impossibilità di vedere la mente "al lavoro" ha fatto adottare il concetto di scatola nera elaborato nel settore delle telecomunicazioni.
Alla base del metodo c'è l'affidarsi al pragmatismo di derivazione Ericksoniana che, avulso da teorie o dottrine psicoterapeutiche, si fonda sul concetto di risorsa propria e inconsapevole di cui ogni essere umano è dotato (Milton H. Erickson)

> Spetta al "programmatore", cioè all'esperto di PNL, aiutare la persona ad esplorare la sua "mappa del mondo", per attivare il processo di ricezione-trasmissione di pensieri costruttivi adatti alla soluzione dei problemi.

Paul Watzlawick, nella *Pragmatica della comunicazione umana*, rielabora efficacemente le teorie di Bateson, Jackson e Milton Erickson, e nell' assunto "La mappa non è il territorio" chiarisce che nella pratica comune per conoscere il territorio ci si avvale di una mappa formata dalla "nostra" lettura del territorio. Un punto di vista personale che non necessariamente corrisponde al territorio poiché ogni soggetto potrebbe disegnare in modo differente la stessa mappa. L'interpretazione del territorio attraverso la mappa è differenziata nei disegno grafico mentale di ogni persona.

La PNL. Il lavoro del Mediatore

Prendendo in esame il lavoro del mediatore rapportato alla PNL necessita considerare che sul campo si confrontano più mappe. La propria e quella delle parti giunte in mediazione. Tali carte geografiche non sono sovrapponibili e se fosse possibile compararle graficamente paleserebbero territori diversi. Considerato che la mappa non è il territorio, solo la fotografia fedele del territorio può dimostrarne il vero aspetto. Trattandosi invece di rappresentazioni grafiche personalizzate risulta inevitabile la diversità tra il vissuto umano (comportamento) che ogni carta descrive. Non è pensabile che sia nelle prerogative del conciliatore fotografare fedelmente il territorio. Non è questo il suo compito, e anche se lo fosse, non potrebbe ottenere il punto di vista "universale" che la foto restituisce. Il mediatore avrà il suo punto di vista, e forse le sue simpatie tra i contendenti. Tuttavia non esprimerà giudizi o valutazioni di alcun tipo, e osservando "i territori", cercherà di comprendere i motivi di ogni mappa diversa, non per decidere chi ha ragione o torto, ma per ampliare lo spazio di conquista, e giungere al risultato concreto che ogni parte può desiderare o accettare nell'accordo di mediazione.

Il mediatore sa che può lavorare su due "fronti". Il primo è quello delle aspettative delle parti che potrebbero celare altri obiettivi rispetto a quelli "circoscritti" portati in mediazione. Conoscere tali propositi condurrebbe al cosiddetto *allargamento della torta* che può produrre gratificazioni impreviste individuate con il metodo del "raccontarsi" sollecitato dal mediatore.

L'altro fronte è quello comunicativo. L'adottare cioè tecniche psicologiche al fine di influire sugli schemi comportamentali di ogni soggetto, quindi incidere sulle idee con l'utilizzo di competenze comunicative programmate.

La PNL dunque può aiutare a sviluppare risposte di successo, stimolando i comportamenti "facilitanti", ossia efficaci, e riducendo quelli "limitanti", cioè indesiderati.
Abbiamo detto dell'empatia, dote fondamentale per il mediatore che sarebbe fortemente limitato se non avesse la capacità di "comprendere lo stato d'animo altrui". Non ci si deve invece sforzare di essere simpatici, specie nell'accezione che presume il "condividere le emozioni altrui" . Non è previsto che ci si debba compenetrare emotivamente nella storia raccontata se pur sofferta dalle parti. Tantomeno è opportuno fingere di emozionarsi, poiché ogni forzatura può essere controproducente. Nondimeno saper modulare un proprio linguaggio non verbale è una delle basi del buon mediatore. Trasmettere interesse professionale, saper ascoltare, e creare un clima costruttivo sono prerogative del metodo che accompagna verso l'accordo.

Le emozioni

La partecipazione ad incontri di mediazione implica il campo dei sentimenti e delle emozioni che possono avere una funzione bloccante e limitante del processo comunicativo se non si trasformano in *risorsa*. L'emotività conseguente alle condizioni di parte in causa nell'incontro tra chi ritiene di aver subito torti o di averne ricevuti non deve trasformarsi in manifestazione autoprodotta che altera le regole e il fine dell'incontro; ma accompagnando tali emozioni il mediatore può avvalersene per fare in modo che divengano punti di avanzamento della relazione, per procedere in avanti verso il traguardo, cioè la conciliazione. Ed è proprio in questo misurare le emozioni, questo osservare i gesti, e ascoltare le parole che emerge "la vera questione", cioè la chiave di apertura della scatola, all'interno della quale si può trovare il motivo autentico del conflitto, i limiti reali degli accordi, e gli spazi oltre i quali si può andare per ingrandire il ventaglio delle possibilità. Nelle mediazioni di successo può avvenire un significativo cambiamento rispetto alle richieste e posizioni d'inizio. La variazione può riguardare un elenco di beni da dividere, ma può divenire qualcosa di altro, che magari gratifichi di più e meglio dell'oggetto di contesa. Un riconoscimento di stima, ad esempio, o la concessione di un bene non catalogabile tra le proprietà materiali come l'offerta di un'opportunità professionale, l'inserimento in un ambito sociale o culturale che offra prospettive artistiche, ecc.

Linguaggio non verbale del mediatore

I corsi di preparazione al ruolo di Mediatore tengono conto in maniera realista di fondamentali tecniche espositive. Sono enunciazioni verbali: la presentazione, la chiarezza sui vantaggi della mediazione, la trasparenza, l'imparzialità, la segretezza. Formulazioni che devono trovare conferma nel comportamento anche gestuale del mediatore, perché prima di "leggere" territorio e mappa altrui, il mediatore sarà consapevole delle letture che gli intervenuti faranno di lui.

Sobrietà, precisione, competenza si dimostrano con i gesti che rafforzano la fiducia se appropriati, o la inibiscono se sbagliati.

Certamente il mediatore nel corso del confronto non alzerà gli occhi al cielo sconsolato, non scuoterà la testa, non annuirà ascoltando le accuse reciprocamente scambiate, non guarderà altrove mentre il soggetto parla. Terrà presente che l'ascolto ha funzione di rassicurare la parte che espone il suo punto di vista e permette di capire a fondo non solo i temi del contendere, ma intravvedere eventuali varchi attraverso i quali uscire dal circolo chiuso e giungere all'ampliamento dell'offerta.
Insieme all'ascolto il conciliatore scriverà degli appunti per classificare le informazioni e successivamente utilizzarli per la conduzione propositiva della mediazione. Ci riferiamo ad un ascolto attivo, pronto a decidere la conduzione passo dopo passo, e al comunicare con parafrasi il feedback di ciò che ha ascoltato. Il mediatore farà domande per puntualizzare che si è giunti ad un punto chiaro per tutti della descrizione del caso esposto.
La sua espressione sarà neutrale. Il suo sguardo dritto negli occhi dell'interlocutore che parla, i suoi movimenti calmi, pur calcolando tempi contingentati, e dividendo equamente gli spazi temporali perché le parti si esprimano. Parafrasando le frasi dette si rivolgerà ai presenti dicendo ad esempio:

"Dalle sue parole mi pare di capire che lei vorrebbe... è corretto?
"Lei ha pensato di... Dimentico qualcosa?".

In tal modo compirà una verifica e intervallando l'ascolto dimostrerà di aver seguito con interesse e proseguendo in questa fase avrà modo di osservare, o intuire l'essenza dello scrigno interiore.

Il contenuto del cervello in quanto tale è analizzabile. Non lo sono invece i pensieri. Tutto ciò che una persona medita è visibile ai nostri occhi se sappiamo guardarlo. Parli o sia taciturno il soggetto che abbiamo davanti, egli trasmette desideri, necessità, sogni, comunicandoli con il corpo.
L'approccio pragmatico alla comunicazione umana di Paul Watzlawick è considerato la via privilegiata alla comprensione della persona nel proprio intimo pensiero. Il concetto *L'uomo non è un'isola*, ci dice che è impossibile non comunicare. L'uomo non è un monade anche se sta in silenzio. Il suo stesso silenzio, il suo sguardo, o l'ignorare la persona che gli sta davanti è un modo di comunicare suo malgrado. Il messaggio nel suo "non messaggio" giunge comunque a destinazione, e tanto più assume efficacia quanto più l'interlocutore è a conoscenza delle tecniche di lettura del linguaggio non verbale. Tuttavia taluni comportamenti sono facilmente interpretabili da gran parte delle persone, perché sono codici comuni di trasmissione dei pensieri. L'uomo che fa colazione in una tavola calda e guarda fisso davanti a sé, o il passeggero d'aereo che chiude gli occhi, comunicano che non intendono parlare con nessuno, né vogliono che si rivolga loro la parola. La hostess lascerà in pace il passeggero con gli occhi chiusi, la gente nella tavola calda affollata non importunerà il cliente che è assorto a guardare un punto davanti a sé. Alcuni modi di porsi scambiano comunicazione nella

stessa misura di una discussione, o una richiesta ben articolata.

La scuola di Palo Alto

Giorgio Nardone celebre psicoterapeuta, fondatore insieme a Watzlawick del Centro di Terapia Strategica (CTS) di Arezzo, (Terapia breve) scrive a proposito di Watzlawick: "Sulla scia della sua luminosa stella, numerosi sono i pensatori e i professionisti che hanno avuto la possibilità di costruire il loro successo e la loro fama. Basti pensare che Watzlawick è l'unico autore tradotto in ottanta lingue differenti. La cosiddetta scuola di Palo Alto non sarebbe esistita senza la sua imponente figura e la sua capacità di sintetizzare il lavoro di eminenti studiosi, come Gregory Bateson o Don D. Jackson e Milton Erickson, in un unico e rigoroso modello teorico e applicativo (...)". Il Centro di Terapia Strategica di Arezzo se non fosse stato fondato con la sua attiva presenza non sarebbe mai divenuto il punto di riferimento per l'evoluzione della terapia breve e il *problem solving* strategico. Ad ulteriore prova della grandezza della sua opera si pensi che Paul Watzlawick rappresenta anche uno degli autori più copiati (...)."

E' evidente che, siano o no citati gli eminenti ricercatori della scuola californiana, gran parte dei contenuti delle tecniche di Comunicazione derivano dai loro studi. Tra questi il campo della mediazione – conciliazione che offre ampia sintesi di letteratura e saggistica ed espone teorie nate dal famoso gruppo del *Mental Research Institute* di Palo Alto in California, senza che peraltro ne sia indicata, il più delle volte, la provenienza.

Comunicazione circolare, simmetrica, o complementare

La circolarità della comunicazione

Il modo efficace di comunicare crea un tipo di relazione tra le parti con comportamenti "circolari". Non a caso il tavolo negli incontri di conciliazione è rotondo e gli astanti sono pari tra loro. Non esiste un primo o un secondo soggetto ed ogni comportamento genera risposte in un altro comportamento. La circolarità dei pensieri e delle azioni cancella il dualismo causa-effetto poiché non si rende possibile stabilire quali siano le cause, quali gli effetti, che cosa segue e che cosa anticipa il comunicare.

La scienza da cui proviene l'applicazione della circolarità della comunicazione è la cibernetica, disciplina che studia i processi di comunicazione degli organismi naturali e dei sistemi artificiali, in cui trova applicazione il concetto di "retroazione", associato al fatto che parte dei dati "in uscita" sono reintrodotti nel sistema comunicativo come informazione da cui derivano altre informazioni collegate; realizzando così sistemi comunicativi aperti in cui il comportamento A produce un comportamento B che rinnova la sua influenza su A. Circolarità - appunto - della comunicazione.

Comunicazione simmetrica e complementare

Diversa è invece la relazione *simmetrica* che presuppone un concetto di parità tra persone che ritengono di essere pari e la relazione *complementare dove* chi partecipa alla relazione si pone in una posizione di superiorità oppure di inferiorità nei confronti dell'altro. La complementarietà, sussiste se tra i soggetti in cui uno manifesta la propria "superiorità" l'altro l'accetta.
Dalla relazione simmetrica e da quella complementare derivano patologie quando la *simmetria* viene turbata dal mettersi in competizione dei soggetti, ognuno per dimostrare che è più bravo dell'altro, e quando la complementarietà è minata dalla non accettazione di una "superiorità" troppo manifesta e frustrante del soggetto che domina.

Paul Watzlawick, il grande comunicatore

Pragmatica della comunicazione, umorismo, manipolazione

Si è detto dell'empatia, della simpatia, e se oltre a ciò si aggiunge il *sense of humor*, c'è una carta in più che il mediatore può giocarsi.
Trattandosi di dote naturale il senso dell'umorismo non è conquistabile con studi mirati. Si può, viceversa, dotarsi di conoscenze che facilitino il clima distensivo durante gli incontri di mediazione. Se non altro prepararsi ad evitare situazioni incresciose dovute ad atteggiamenti o parole inappropriate. Esiste un modo negativo o positivo di dire la stessa cosa, e sono numerosissimi gli esempi che fa Paul Watzlawick. Nel suo testo *"Pragmatica della comunicazione umana*, egli amplia l'idea di comunicazione, sostiene che tutti i comportamenti hanno valenza comunicativa poiché l'individuo partecipa a un sistema globale di interazione. Scrive Watzlawick: *"Regalate a vostro figlio Marvin due camicie sportive. Quando ne indossa una per la prima volta, guardatelo con aria avvilita e dite: 'L'altra non ti piace?'*. Piccoli giochetti di questo tipo, ripetuti all'infinito, rendono frustrate e infelici le persone, perché in realtà sono pretesti per manipolarle verso la scelta che si vuole che facciano o per generare delle liti".

Il messaggio negativo che Watzlawick trasmette è esattamente all'opposto del tipo di messaggio da utilizzare se ci si vuole avvalere di una comunicazione positiva e incoraggiante finalizzata al raggiungimento di un accordo. Il figlio Marvin non sarebbe frustrato se il padre gli avesse detto con aria soddisfatta: *"Vedo che hai messo la camicia che ti ho regalato. Ti sta bene. Mi fa piacere vedertela addosso"*.

L'uso della parola può rafforzare il messaggio negativo o positivo come negli esempi descritti, dove il linguaggio verbale e gestuale sono concomitanti e coerenti. L'uno rafforza l'altro. L'espressione avvilita e la frase *"Non ti è piaciuta?"* riferita alla camicia non lascia spazio a dubbi. Diverso è invece il caso in cui la parola non esiste o peggio è contrastante con il messaggio dei gesti.

"Se a qualcuno viene pestato un piede – spiega Watzlawick – *per lui è molto importante sapere se il comportamento dell'altro è intenzionale o involontario. Ma l'opinione che si fa in proposito si basa necessariamente sulla sua valutazione dei motivi dell'altro e quindi su un'ipotesi di ciò che passa dentro la testa dell'altro. E se anche chiedesse all'altro i motivi di quel gesto non potrebbe certo fidarsi della risposta che riceverebbe, perché l'altro può dire che il suo comportamento è stato inconsapevole (...)"*.

Ecco l'importanza di saper comprendere i segni analogici della comunicazione per dare una corretta interpretazione a quanto ci viene detto.

I segni logici e analogici della comunicazione

I segni *logici* esprimono contenuti consapevoli e intenzionali. I segni *analogici* sono inconsci e rivelatori di stati d'animo, preoccupazioni, gioia, o ansietà.

Ne fa un'ampia descrizione Vincenzo Mastronardi nel suo libro "*Le strategia della Comunicazione umana*": "I gesti analogici – spiega Mastronardi - sono detti anche 'metacomunicativi' (identificabili con i gesti accidentali o con la 'fuga di informazioni non verbali' di Morris). Alla prima categoria appartengono i gesti *illustrativi* come quando si estendono le braccia verso l'alto nel dire: "Ho incontrato un uomo enorme", o si avvicinano pollice e indice per dire "era piccolo..."; mentre i gesti *analogici* appartengono della comunicazione gestuale in coesistenza con le parole o in assenza di qualsiasi enunciazione verbale. (...)

La seconda categoria comprende tutti gli atti compiuti senza il rigido controllo della coscienza, istintivamente, sovente rivelatori di una emozione nascosta, di frequente in contrasto con le stesse parole pronunciate: il picchiettare nervoso delle dita sul tavolino indica una carica tensionale che potrebbe essere abilmente dissimulata da un tono di voce forzatamente calmo e rilassato, e così via".

I gesti di questo tipo possono essere catalogati in tre tipi: Gesti regolatori, Manifestazioni delle emozioni del viso, Gesti adattatori.

<u>Gesti regolatori inconsci</u>
Sono i gesti che scandiscono il flusso della conversazione e che rendono intelligibili a chi parla una serie di informazioni. Per esempio il mutamento di intensità dello sguardo, lo stringersi delle labbra, l'aggrottarsi delle sopracciglia, il cenno del capo, la posizione del corpo, la distanza dagli interlocutori, l'orientamento del corpo frontale o laterale o molto prossimo all'interlocutore in gesti di corteggiamento.

<u>Manifestazioni delle emozioni del viso</u>
I segni emotivi universali sono riconoscibili, secondo Elkman e Friesen, nel loro Codice dell'azione facciale (FAC) in sette tipi pan-culturali:

felicità, sorpresa, timore, tristezza, rabbia, disgusto e interesse.
Vanno riconosciuti i segnali emozionali del viso prodotti a livello conscio e quelli che si verificano al di là dell'intenzione di comunicarli. Quelli volontari hanno funzioni di complemento del discorso come *sollevare un sopracciglio, spalancare gli occhi o strizzarli, guardare verso l'alto, irrigidire le mandibole, fare il broncio, stringere i denti, aprire la bocca, leccarsi le labbra, roteare gli occhi, guardare lateralmente, fissare intensamente l'interlocutore, chiudere gli occhi, ecc.*

<u>Gesti adattatori inconsci</u>
Adattatori o manipolatori sono i gesti compiuti per dirigere le emozioni. Si apprendono sin dall'infanzia e sono collegabili all'ambiente e ad un certo modo di porsi rispetto alle ansie, le preoccupazioni, gli impulsi emozionali. Il gesto di asciugarsi le lacrime può essere riprodotto durante una conversazione triste, in assenza di lacrime, con un gesto auto-adattatore che asciuga gli angoli degli occhi. Poggiare la mano sulla fronte è un gesto compiuto in fase di adattamento durante un colloquio problematico. Massaggiarsi il viso è una richiesta di conforto (carezza psicologica).

La postura
Il modo di stare seduti, o in piedi esprime espressioni individuali di ostilità, amicizia, inferiorità, status sociale. E le principali caratteristiche della postura sono l'Immediatezza e il Rilassamento. Nel primo caso il soggetto si pone in prossimità degli altri, ha le braccia aperte, lo sguardo diretto, e il busto è inclinato in avanti. Nel secondo caso si riscontrano posizioni asimmetriche di braccia e gambe, inclinazione all'indietro. La postura rilassata si ha in presenza di persone familiari o di ceto sociale inferiore, mentre in presenza di persone non gradite si assume una postura più rigida.

INTERPRETAZIONI PSICOANALITICHE DELLE POSTURE

postura	interpretazione
Braccia 1. braccia chiuse 2. braccia aperte e rilassate nella posizione da seduta 3. tener stretto un lembo del vestito 4. alzata di spalle, palmi delle mani in fuori	1. autoprotezione, specialmente dei seni, arretramento 2. distensione di rapporto e accettazione dell'altro 3. timori di incidenti al corpo 4. debolezza passiva
Gambe 1. molto incrociate (donne) 2. gambe incrociate con porzione inferiore del tronco spostato lateralmente a 90° rispetto all'interlocutore 3. non incrociate 4. gambe incrociate o accavallate (donne) in modo esibizionistico 5. nessun movimento del bacino	1. autoprotezione. ritiro 2. percezione di concreta violenza psicologica da parte dell'interlocutore 3. civetteria(donne); distensione di rapporto uomo-donna 4. civetteria 5. inibizione sessuale
Tronco 1. rigido, portamento marziale (uomini) 2. rigido composto ed eretto (donne) 3. portamento vanitoso e affettato 4. abbassato indolente immobile 5. rannicchiato nella sedia in modo languido, erotico	1. nasconde ansia 2. " 3. conflitto tra il desiderio di INVIARE SEGNALI SESSUALI E LA timidezza 4. debolezza, richiesta di aiuto 5. esprime impulsi sessuali

*Da scritti di **Mail** (1968), di **Scheflen** (1972) riportate da **Argyle** (1982), integrate da **Vincenzo Mastronardi***

RICONOSCERE L'ESPRESSIONE FACCIALE DELLE EMOZIONI
[*Fonte Smith e Scott (1998) adattato da Darwin (1872) Ekman e Friesen (1978) Frois Wittman, (1930) e Izard (1971)*]

	Sopracciglia aggrottate	Sopracciglia sollevate	Palpebre superiori sollevate	Palpebre inferiori sollevate	Angoli delle labbra	Bocca aperta	Labbro superiore sollevato
Felicità				X	*sollevati*	X	
Sorpresa		X	X			X	
Rabbia	X		X	X			
Disgusto	X			X			X
Paura	X	X	X			X	
Tristezza	X	X			*abbassati*		

	INDICATORI NON VERBALI DELLA MENZOGNA
BOCCA	*Sorriso finto. Distinguibile da quello vero perché mancano le piccole increspature intorno agli occhi. I muscoli di contorno degli occhi difficilmente sono controllabili*
OCCHI	*Lo sbattere delle palpebre*
"	*Avere pupille dilatate*
VOCE	*Usare una tonalità di voce più alta*
"	*Esitare nel pronunciare le parole*
CORPO	*Contraddirsi con i gesti, ad esempio guardare negli occhi l'interlocutore, ma distanziarsi con il corpo*

I meccanismi della persuasione

L'adeguamento alle opinioni altrui

L'interesse per la comunicazione persuasiva è iniziato negli anni trenta, grazie agli studi di Kurt Lewin e Carl Hovland, e sono confluiti più recentemente nella ricerca di alcuni grandi nomi: Asch, Hovland-McGuire, Petty e Cacioppo.
Solomon Asch (1955) con la "Lettura razionale della conformità" esperimenta l'adeguamento collettivo ai pensieri della maggioranza. I Suoi esperimenti, compiuti con 7 attori più il soggetto della sperimentazione, si basano su 12 valutazioni di percezioni visibili macroscopiche comparando 3 linee, e dimostrano che dopo le prime esternazioni corrette ma "fuori dal coro" il soggetto inizia a dubitare di se stesso e si conforma al gruppo dando gli stessi risultati (palesemente errati) che il gruppo dà. Gli esperimenti ripetuti nel tempo comprovano che 1 o 2 attori con opinioni divergenti dal soggetto in esame hanno poca influenza, ma da 3 invece aumenta la persuasione e già con 4 attori contro il soggetto la pressione sociale è molto forte. Ogni persona in più rafforza ancora. E questo avviene anche se la maggioranza ha torto. Di contro aumenta la resistenza a conformarsi se almeno un attore la pensa diversamente dalla maggioranza. Il risultato dell'esperimento è che il 75% dei partecipanti si conforma all'opinione divergente della maggioranza almeno una volta, il 25 % dei partecipanti non si conforma, il 32% lo fa molte volte e il 5% lo fa a ogni ripetizione.
Una delle spiegazioni dell'adeguamento alle opinioni altrui può trovarsi nella teoria della *dissonanza cognitiva* (Leon Festinger): le persone sono motivate al mantenimento e alla ricerca della coerenza fra le proprie conoscenze, opinioni, credenze, e i propri comportamenti, e l'eventuale dissonanza (o

incoerenza) fra ciò che si pensa e ciò che si fa crea uno stato di disagio mentale che deve essere in qualche modo eliminato. Per farlo occorre modificare il proprio comportamento, o annullare in qualche modo l'opinione dissonante.

Le sei fasi della persuasione

William McGuire, Professore di psicologia sociale alla Yale University in Connecticut (1967) è stato, uno dei primi a condurre ricerche sull'influenza della persuasione operata dai mass media. Il processo di persuasione da lui analizzato si basa su sei fasi.

1. Esposizione, presentazione del messaggio
2. Attenzione
3. Comprensione
4. Accettazione
5. Ritenzione, memorizzazione
6. Comportamento

Nella prima fase di esposizione si *presenta* il messaggio al ricevente sollecitando la sua *attenzione* e il soggetto lo recepisce se il messaggio è *comprensibile* ed esposto con un "codice" di trasmissione adeguato (non specialistico).
Suscitato l'interesse e quindi l'*accettazione* del ricevente del messaggio segue la *memorizzazione* della nuova opinione, in maniera da farla propria, ed infine il conseguente *comportamento*.
La conseguenza temporale delle fasi determina la persuasione, ma se anche una sola di queste fasi non si realizza, la catena viene spezzata e non si registra il cambiamento dell'atteggiamento. Ogni fase è associata ad una probabilità che moltiplicata a tutte le probabilità dà il risultato finale.

SEGNALI DACCESSO DEL MESSAGGIO
Movimenti oculari (*in soggetti non mancini*)

OCCHI RIVOLTI IN ALTO A DESTRA	Corrisponde alla momentanea costruzione di immagini. Si visualizzano mentalmente immagini mai viste o viste e da modificare attraverso l'emisfero sinistro razionale. Una domanda che può causare il volgere degli occhi in alto a destra può essere: "Come sarebbe un albero di ciliegie azzurre?"
OCCHI RIVOLTI IN ALTO A SINISTRA	Corrisponde a immagini rammentate e visualizzazioni da parte dell'emisfero emozionale destro di cose già viste. Una domanda che può causare il volgere degli occhi in alto a sinistra può essere: "di che colore è la tua automobile?"
OCCHI A LIVELLO RIVOLTI A DESTRA	Corrisponde a esperienze uditive costruite con accesso all'emisfero razionale (emisfero sinistro) e alla costruzione di suoni mai sentiti prima. Una domanda che può causare il volgere degli occhi a destra può essere: "Che suono può avere una sveglia con il rumore del temporale?"
OCCHI A LIVELLO RIVOLTI A SINISTRA	Corrisponde a esperienze uditive rammentate con accesso all'emisfero emozionale (emisfero destro) e alla costruzione di suoni già sentiti. Una domanda che può causare il volgere degli occhi a sinistra può essere: "Che suono ha l'inno nazionale?
OCCHI RIVOLTI IN BASSO A DESTRA	Accesso cinestesico all'emisfero razionale: si rammentano sensazioni ed emozioni. Una domanda che può causare il volgere degli in basso a destra può essere: "che si avverte con una puntura di spillo?"
OCCHI RIVOLTI IN BASSO A SINISTRA	Dialogo interno. Una domanda che può causare il volgere degli in basso a sinistra può essere: "che cosa avevi scritto nei versi in rima del mio bigliettino di auguri?"

Da Dilts, Grinder, R. Badler, L.c. Badler.Delozier 1982. V. Mastronardi 1996 (.)

Percorsi differenziati della persuasione
Sono seguite dopo McGuire altre teorie sulla persuasione secondo il modello della probabilità di elaborazione (ELM, *elaboration likelihood model*) ad opera di Richard E. Petty e John T. Cacioppo (1981). Tali studi rilevano come gli atteggiamenti possono modificarsi attraverso due percorsi differenziati: un percorso *centrale*, che agisce sulla capacità, che consiste in una elaborazione attenta e riflessione accurata sulle argomentazioni e sulle informazioni contenute nel messaggio persuasivo, e un percorso *periferico*, che agisce sul livello di motivazione che riguarda invece un processo di cambiamento basato su elementi che non sono direttamente pertinenti al tema, cioè i cosiddetti segnali periferici, di sfondo, come ad esempio *l'attrattiva della fonte, la durata e la semplicità del messaggio, la sua piacevolezza.*

Puntare sulla paura
Per far passare un messaggio persuasivo viene usata spesso una strategia che fa ricorso alla attivazione di paure che fanno leva sulla preoccupazione di conseguenze indesiderabili qualora l'individuo non adotti il comportamento suggerito dal messaggio. L'esempio tra i più deleteri e recenti, oltre che delittuoso, è quello di Wanna Marchi che induceva ad acquisti e pagamenti scriteriati paventando conseguenze tragiche da parte di forze occulte se il soggetto preso di mira non avesse provveduto a compiere riti tanto costosi quanto fasulli.
Ma il marketing politico o le campagne acquisti di prodotti di largo consumo possono altrettanto puntare sul messaggio che stimola preoccupazione o paura. Verso lo

straniero, le eccessive tasse o la criminalità, nelle campagne di acquisizioni di consensi elettorali. Verso malattie epidemiche, alimenti ingrassanti, prodotti nocivi per l'infanzia in promozione pubblicitaria di aziende produttrici di beni.
La reiterazione del messaggio è uno degli espedienti più in uso in pubblicità poiché con l'effetto di mera esposizione si contribuisce a rendere più familiare, riconoscibile, e quindi più accettabile, il messaggio proposto.

Autorevolezza e credibilità della fonte
Questa via di persuasione si basa sulla credibilità di chi veicola il messaggio e sulla competenza e capacità di gestire il rapporto interpersonale. Ne tenga conto il Mediatore professionista. Una reciprocità di intenti nata dall'autorevolezza e dalla stima agevola il percorso verso la conciliazione. Il rapporto di fiducia si costruisce se le parti si rendono conto, e questo lo spiega nel monologo di rito il conciliatore, che non v'è alcun giudizio sul comportamento e sulle ragioni dell'uno o dell'altro, ma l'incontro è diretto a trovare soluzioni che siano soddisfacenti per ognuno. Una volta ascoltate le ragioni delle parti, senza valutazioni di tipo morale, il mediatore dovrà guidare il percorso di affermazione delle probabilità di soluzione della questione .

La tecnica del giudizio sospeso
In psicologia la "tecnica del giudizio sospeso" elimina sistematicamente ogni giudizio sui fatti accaduti e sui protagonisti. E' un affidarsi - durante il percorso - alla conduzione del terzo, nel nostro caso il mediatore, che

accostando un tassello dopo l'altro avrà una raffigurazione completa delle vicende e una prospettiva allargata a possibilità nuove da far affiorare.
Sia chiaro che il mediatore non suggerisce quale sia il terreno di espansione delle prospettive, ma facendo parlare i contendenti porterà all'emersione desideri e opportunità non dette fino all'incontro di mediazione.
Sgomberato il campo da ogni giudizio si smorzano le ansie competitive dell'io vinco-tu perdi, e diviene più semplice passare dal confronto "su posizioni" al confronto "su interessi". Ben sapendo che gli incontri conflittuali ed emotivamente coinvolgenti sono più facili da gestire di quelli che appaiono collaborativi sin dall'inizio.
Osservando i segni che trasmettono emozioni, ascoltando preoccupazioni, frustrazioni, paure, incomprensioni, il conciliatore raccoglie importanti dati per lavorare alla mediazione.
Le informazioni essenziali che investono il campo degli interessi reali in genere sono meno rappresentate di quelle relative alle "posizioni". Per meglio comprendere si può ricorrere alla metafora dell'iceberg il cui esempio grafico raffigurato dalla Piramide dello psicologo statunitense Abraham Maslow (1954) differenzia interessi e posizioni

Il grafico, nella Piramide dei bisogni di Maslow, raffigura l'iceberg che ha in emersione le *Posizioni*, frutto di un unico punto di vista (rumore) difeso con forza. Resta immersa la zona degli *Interessi*.
Il conflitto è potenziato da una scala di bisogni anche questi sommersi: *bisogno di stima, di apparenza, di autorealizzazione, di affetto, di successo,* ecc;

Le posizioni ed i bisogni sono componenti del conflitto che è un agente dinamico di cambiamento perché obbliga a riconoscere l'altro, e accresce la conoscenza dei diversi punti di vista, anche se le cause confessate dalle parti sono spesso diverse da quelle reali e sottostanti.
Tra gli aspetti negativi del conflitto c'è l'isolamento, il rancore, il bisogno di rivalsa, l'aggressività, i legami con il passato e l'adattamento a situazioni di stallo dovute ad assenza di creatività e di fiducia nel futuro.
Occorre tuttavia considerare che in ogni relazione sociale il conflitto è inevitabile, e che gli aspetti negativi non derivano dal conflitto in sé ma dalla gestione che se ne fa.
La gestione costruttiva è direttamente conseguente alla conduzione del negoziatore che considererà i bisogni reali risultati dalla conduzione aperta all'ascolto attento delle parti.

***

La Metafora dell'iceberg

Sulla punta dell'iceberg, affiora la parte delle "posizioni" che mostra "quello che si afferma di volere".
"Gli interessi" sono sommersi. Quello che in realtà si desidera si trova nella parte non visibile della piramide.

Piramide di Maslow

L'ascolto, le regole, gli indizi
L'ascolto attivo ha regole precise, la prima delle quali è "ascoltare per capire"; raccogliere molte informazioni, verificare di aver compreso con il feedback.

I conciliatori più esperti sono abili nel "leggere gli indizi". Non hanno fretta di concludere, esplorano le posizioni e i punti di vista, colgono i paradossi, hanno un innato senso dell'umorismo. Ciò non significa che l'incontro debba assumere parvenza goliardica come chi si ritrova con amici al bar. Il clima di collaborazione dovrà essere comunque informale, mentre si renderà evidente la competenza di coordinamento del mediatore e la rilevanza legale che ha la procedura.

Il caucusing
E' un ingresso nella zona inesplosa dopo l'incontro d'insieme. Il colloquio riservato con ogni parte. Permette di acquisire informazioni preziose, che restano segrete, salvo richieste specifiche di divulgazione. Il conciliatore entra in fase *Zopa* (zona del possibile accordo) e fa domande allo scopo di capire eventuali confluenze e soluzioni basate su lavoro, interessi, esigenze. Si rivolgerà con domande aperte, che non abbiano il carattere dell'interrogatorio, dando la possibilità di parlare liberamente: *"Cosa faresti se tu fossi dall'altra parte?" Che cosa proporresti come soluzione equa?*

***

Tecniche di problem solving creativo

Il problem solving, l'arte di risolvere i problemi non si rifà ad una tecnica standard uguale per tutti, ma punta a realizzare, partendo dall'attenzione al contesto, una via percorribile verso la soluzione del conflitto.
Spostare il focus, agire con creatività, cambiare il proprio punto di vista per osservare la questione da più punti diversi è il metodo di gestione del conflitto che permette di allargare i propri orizzonti.
In questo senso le parti in mediazione, ricorrono al *brainstorming* (tempesta cerebrale) che apre ai liberi racconti delle vicende e alle proposte di soluzioni personali, anche stravaganti, a ruota libera.
Lo scopo è quello di generare idee, che vengono annotate per parole chiave da utilizzare per la successiva fase convergente delle proposte più interessanti. Il metodo del brainstorming fu ideato da Alex Osborn nel 1935 e da allora è molto usato in diversi ambiti allo scopo di individuare e definire i problemi e con libertà di espressione far nascere idee insolite e "visioni originali" e innovative.

Lo schema del win-win
In mediazione la creazione di idee può più facilmente avvenire durante il caucusing, quando ogni parte in assenza dell'altra è maggiormente libera di esprimersi.

In aiuto a questa fase la strategia di accompagnamento alla soluzione si può avvalere dello schema del win win (io vinco - tu vinci), che prevede alcune tappe, la prima delle quali è l'analisi reale del problema, domandando quali sarebbero le conseguenze negative o positive della vittoria di una parte sull'altra. Segue la ricerca di soluzioni creative al secondo punto dello schema, e la compilazione della lista delle priorità da ottenere e delle cose a cui si è disposti a rinunciare. In questo modo si apre un canale di comunicazione tra le parti, alternando gli incontri con una e con l'altra.

La risorsa del Batna-Watna
La migliore soluzione per ciascuna delle parti ai fini della soluzione della controversia è definita Batna. Al contrario il Watna è la soluzione peggiore. In una controversia le parti devono avere chiara la soluzione ideale e la condizione peggiore che a ognuno può capitare in caso di fallimento della mediazione. E' importante in questa fase separare i contenuti dagli aspetti puramente emotivi per individuare vero obiettivo. Capire l'essenza del problema per ogni parte è importante per dare un giusto peso alle soluzioni concrete e renderle consapevoli che tali soluzioni sono riconosciute dalla controparte. E' il momento del **"riconoscimento"** che avviene sin dall'inizio con la propensione all'ascolto e l'ingresso in mediazione, ma trova campo di applicazione quando le parti dopo essere

state ascoltate si sentono "riconosciute" nei loro diritti e prerogative.

Il presupposto della PNL integrata al *Counseling,* è quello di aiutare la persona a recuperare e potenziare le proprie risorse, i propri talenti che spesso sono stati messi a tacere da stili di vita, da abitudini sbagliate o da condizionamenti subiti anche in giovane età, sostenendo l'individuo a ristrutturare le convinzioni disabilitanti così da acquisire una maggiore consapevolezza di sé.

***

Programmazione Neuro Linguistica

È definita "**tecniche per la libertà**". La PNL è un metodo basato su presupposti scientifici, ma anche una tecnologia innovativa, capace di aiutare a raggiungere le soluzioni in modo efficace come con l'uso del linguaggio metaforico, cioè il modo più veloce per aiutare il cambiamento diretto e inconscio, senza razionalizzazione o ricercare motivi e spiegazioni. *Le metafore* usate spesso da Milton Erickson che per aiutare i suoi pazienti a sviluppare il senso di crescita delle risorse o risposte dentro di sé parlava di piantine di pomodoro che crescono e si evolvono, generano frutti e si fanno alte e forti. La metafora, dal greco "trasporto" aiuta a trasferire il significato da una cosa all'altra. In PNL metafore e similitudini realizzano la funzione analoga di suggerire alla mente conscia una soluzione che l'inconscio può adattare a se e alla propria tematica.

Nelle metafore esiste un messaggio suggerito dalla storia dei protagonisti e possono contenere comandi o suggerimenti *"Embedded commands"*, cioè parole o frasi incluse in un contesto più ampio che è possibile anche trasmettere con il tono di voce, come usava fare Milton Erickson per aiutare i suoi clienti a rilassarsi e ricercare alternative utili attraverso l'inconscio.

"Certe volte è così facile e naturale rilassarsi e lasciare andare.
Oggi è una giornata serena e adatta a lavorare insieme"...

Pace pace and lead
Significa in italiano *accompagna, accompagna e poi conduci*. E' una tecnica per creare rapporto con qualcuno. Persone in simbiosi come due amiche, sorelle, o due innamorati, si scambiano frasi, camminano insieme, e se uno dei due velocizza il passo l'altro lo segue. E' un condurre e un seguirsi a vicenda. Non si può condurre se non si segue.

Significa andare incontro ai ritmi, alla posizione, allo stato d'animo che l'altra persona sta provando in quel momento. Significa allinearsi e capire il suo modo di vedere le situazioni che sta affrontando, e dopo averla seguita la si può accompagnare verso una via alternativa. Tale tecnica si avvale della *Calibrazione*, del *Rapport*, del *Matching* e *Mirroring*.

Calibrare, regolare l'accuratezza di uno strumento
Consiste nel rendere **coerenti** la parte verbale e quella non verbale del messaggio, oppure rendere coerente la propria comunicazione con quella di uno più partecipanti in uno scambio comunicativo. La calibrazione è essenziale per "leggere" l'inconscio di un'altra persona, cioè capire le risposte non verbali, e valutare in contemporanea se sono accettate e, in caso contrario, "calibrarsi" la risposta, in un continuo *AGGIUSTAMENTO* di calibrazione con l'interlocutore. Senza disarmare se non si ottengono subito risposte positive e successo. In questo caso risulta idonea la frase di Winston Churchill: "Il successo è l'abilità di passare da un fallimento all'altro senza perdere l'entusiasmo". Quindi il successo è l'abilità di ottenere i risultati attesi. Può essere pianificato, monitorato, appreso. Si costruisce durante il percorso ed è già in dotazione del buon comunicatore prima ancora di arrivare alla meta.
Rapport, matching e mirroring
Il *rapport* è usato per creare relazione e contatto con altri individui. E si attua con le tecniche di *Matching* (fare come fa l'altra persona) e *Mirroring* (fare da specchio).
Le due tecniche sono però non facili perché devono creare *affinità*, rapporto, sintonia, empatia, evitando di scimmiottare gli interlocutori. Il matching va impostato sul ritmo respiratorio, sullo stato d'animo, sul tono di voce. E anche il vero *mirroring* non consiste nello spostare un braccio a specchio imitando il proprio interlocutore, ma nel creare *rapport* compiendo movimenti discreti di accompagnamento alla postura dell'altro. E' una tecnica di

non semplice attuazione che va studiata dopo l'attenta osservazione del linguaggio del corpo e realizzata facendo leva sulla propria intuizione e sensibilità per evitare di sconfinare in scimmiottamenti controproducenti.

Motivazione

La motivazione è la spinta emotiva e razionale verso l'obiettivo. Ne segue l'azione che può perdurare nel tempo, in modo organizzato e costante. Più alta è la motivazione, maggiormente l'impegno e la pianificazione sono necessari. La mente focalizza l'obiettivo e supera ostacoli, noia, fallimenti. La motivazione è il carburante che ci fa portare avanti il nostro progetto con entusiasmo.

Si favorisce la motivazione se si dirige l'attenzione verso le soluzioni e non verso i problemi, puntando sulle risorse proprie e la personale capacità di pianificare la trasformazione del problema momentaneo in soluzione perdurante nel tempo.

Profezia che si auto avvera

La precognizione è la capacità di vedere il futuro. In PNL le profezie *auto realizzanti* sono dovute a tecniche di comunicazione fondate su fattori culturali e sistemi di credenze.

In antropologia è classica la profezia dei riti vudù. Quando ad una persona viene detto che è colpita da una maledizione si scatena una reazione di abbandono da parte del gruppo che la considera condannata. La persona stessa così emarginata si trascura e si deprime perché si considera spacciata. Avverte i segni della fine per autosuggestione e

ne consegue un rapporto causa-effetto tra il suo sentirsi male e il potenziamento dell'efficacia del rito che ha decretato la sua morte. In breve la morte sopraggiunge, ma è una morte *auto avveratasi* per condizionamento sociale.
Più semplicemente nella nostra civiltà profezie auto realizzanti sono abbastanza comuni. Credere ad esempio che le donne emancipate sono di facili costumi conduce a riconoscere solo donne di un certo tipo di comportamento che confermano la previsione con il loro modo di fare.
La tecnica della profezia auto avverante (self-fulfilling prophecy) è molto usata in comunicazione politica quando si annuncia e si reitera un accadimento che poi proprio per la continua ripetizione si avvera. Non è una vera profezia ma un "condizionamento". Dire ad esempio "prevedo le elezioni anticipate" fa sì che altri riportino la dichiarazione, e passaggio dopo passaggio, specie se la ripetizione è fatta da personaggi autorevoli o famosi, le resistenze diminuiscono per cui la previsione si realizza.

CONCLUSIONE

Da quanto fin qui esposto il mediatore per svolgere al meglio il suo ruolo dovrà tener conto della comunicazione verbale e del linguaggio del corpo. Il saper comunicare include due aspetti: il "proprio" modo di porsi e il "saper ascoltare" le emozioni e gli obiettivi altrui. E' parte essenziale del metodo l'osservare e capire ciò che l'interlocutore ci dice, dando importanza ad ogni dettaglio per incamerare informazioni sulla persona che si ha davanti. Ricapitoliamo i punti principali dell'osservazione:

A. Lo sguardo

Attraverso lo sguardo si ottengono/trasmettono informazioni che dimostrano lo stato d'animo e i pensieri dell'interlocutore. Prestando molta attenzione allo sguardo è difficile essere ingannati da false informazioni verbali o da messaggi contraddittori di altre parti del corpo. Per esempio un sorriso è autentico se corrisponde al ridere degli occhi. Non solo per le piccole rughe di espressione ai lati degli occhi, ma per lo sguardo che è ravvivato e coerente con il ridere della bocca se la risata è reale.

Rammentiamo dal grafico presentato che i movimenti oculari hanno significati precisi. Osservandoli potremmo entrare in sintonia con la persona che abbiamo davanti. Lo sguardo verso l'alto a sinistra ci informa per esempio che l'interlocutore ci fa entrare intenzionalmente nei pensieri che ha in mente. Non ci resta allora che entrare in sintonia con questa persona ricalcando le sue espressioni visive. La tecnica del *ricalco* si basa sul rispecchiare i gesti positivi dell'interlocutore allo scopo di sintonizzarsi con il suo mondo emotivo per poi accompagnarlo verso un percorso affiancato e costruttivo.

B. I movimenti del corpo e la postura
La conoscenza delle cinque categorie di gesti (illustratori, regolatori, adattatori, ecc.) ne regola l'osservazione tenendo conto dell'insieme, e pur esaminandoli nei loro significati separatamente va interpretata l'interazione che può esserci tra i diversi gesti o espressioni per la possibile contraddittorietà tra essi o la conferma generale del significato interiore.

C. Lo spazio
La prossemica è la disciplina che studia lo spazio e le distanze fisiche. Il termine è stato coniato dall'antropologo Edward T. Hall nel 1963 per indicare lo studio delle relazioni di vicinanza nella comunicazione. Per un mediatore civile è di fondamentale importanza l'uso degli spazi in cui ospitare le parti in mediazione. L'ambiente accogliente, il tavolo rotondo che non assegna valutazioni sulla base dei posti a sedere, gli spazi per il caucusing, la distanza tra le persone, sono tutti elementi di supporto alla riuscita dell'incontro.
E' importante mantenere la giusta distanza tra tutti i presenti per non dar modo di pensare, stando troppo vicino ad uno degli antagonisti, di avere maggior confidenza con lui, o di essere dalla sua parte.
Edward T. Hall ha osservato che la distanza tra le persone è correlata con la distanza fisica, ed ha definito quattro "zone" interpersonali:
- La **distanza intima** (0-45 cm).

- La **distanza personale** (45-120 cm) per l'interazione tra amici.
- La **distanza sociale** (1,2-3,5 metri per la comunicazione tra conoscenti o il rapporto insegnante-allievo.
- La **distanza pubblica** (oltre i 3,5 metri) per le pubbliche relazioni.

Da quanto fin qui descritto è evidente che l'impegno del mediatore si costruisce partendo dall'attenzione alle persone presenti in mediazione. Più egli riuscirà a capire istanze, bisogni e prerogative, migliore sarà la conduzione e l'accompagnamento verso la soluzione. La PNL è sicuramente un arricchimento delle tecniche per programmare l'interazione tra sé e gli altri.

Gli inventori della PNL Bandler e Grinder in *The Structure of Magic* (1975) descrivono la "qualità magica" della loro esperienza al pari di altre attività umane complesse quali dipingere, comporre musica, o mandare un uomo sulla luna. La definiscono "Esperienza acquisibile con le adatte risorse".

Con queste dichiarazioni non intendono però sostenere che sia sufficiente leggere un libro per acquisire le necessarie qualità dinamiche per mettere in pratica la PNL, ma presentare un insieme specifico di strumenti adatti ad mettere in atto il processo "infinito" per migliorare, arricchire e ampliare le capacità di assistere le persone.

***

"Noi esseri umani non agiamo direttamente sul mondo. Ciascuno di noi crea una rappresentazione del mondo in cui vive; creiamo cioè una mappa o modello che usiamo per originare il nostro comportamento. La nostra rappresentazione del mondo determina in larga misura l'esperienza del mondo che avremo, il modo in cui lo percepiremo, le scelte che sembreranno disponibili vivendoci dentro".

(R. Bandler e J. Grinder, la struttura della magia 1981 Astrolabio)

***

BIBLIOGRAFIA

- Bandler R., Grinder J., *La metamorfosi terapeutica*. Casa editrice Astrolabio-Ubaldini, Roma, 1980
- Bandler R., Grinder J., *La struttura della magia*. Casa editrice Astrolabio-Ubaldini, Roma, 1981
- Bandler R., Grinder J.,Dilts R., Cameron-Bandler L., DeLozier j., *Programmazione neurolinguistica*. Casa editrice Astrolabio-Ubaldini, Roma, 1982
- Bandler R., Fitzpatrick, O. *PNL è libertà*, Alessio Roberti Editore, Urgnano (BG) 2006
- Erickson M. H., *Le nuove vie dell'ipnosi*, Boringhieri, Torino,1983
- Watzlawick, P., Beavin, J.H., Jackson, D.D *Pragmatica della comunicazione umana*. Roma,Astrolabio, 1967
- Watzlawick, P. *Istruzioni per rendersi infelici* Milano: Feltrinelli (1983)
- Watzlawick, P. *Il linguaggio del cambiamento,* Feltrinelli, Milano ,1983
- Watzlawick, P., Nardone, G. (a cura di) *Terapia breve strategica*. Milano, Raffaello Cortina, 1997
- Loriedo, C., Nardone, G., Watzlawick, P., Zeig, J.K. *Strategie e stratagemmi della Psicoterapia*, Franco Angeli, Milano, 2002
- Nardone, G., Watzlawick, P. *L'arte del cambiamento*, Ponte alle Grazie, Firenze, 1990
- Nardone, G. *Suggestione + Ristrutturazione = Cambiamento. L'approccio strategico e costruttivista alla terapia breve*, Giuffrè, Milano, 1991
- Bateson, G. *Questo è un gioco. Perché non si può mai dire a qualcuno: «Gioca!»*, Raffaello Cortina Editore, Milano, 1996
- Jackson, D. *Communication, Family & Marriage*. Human communication, vol. 1. Science & Behavior Books, Palo Alto, CA,1968
- Morin E. *Introduzione al pensiero complesso*, Sperling & Kupfer, Milano, 1993
- Bateson, G. *Verso un'ecologia della mente*, Adelphi, Milano, 1977
- Mastronardi V., *Le strategia della Comunicazione umana, La persuasione, le influenze sociali, i mass media*, Franco Angeli Editore, Milano, 1998
- Mastronardi V., Villanova M., *L'Ipnosi clinica da Freud a Bandler e Grinder, Rivista di Psicoterapie, Vol. II*, Ediz. Universitarie Romane, Roma, 1991

- Mastronardi V., *Manuale di comunicazione non verbale. Per operatori sociali, penitenziari, criminologici*, Carocci, Roma, 2007
- Ekman P., Wallace V. Friesen, *Giù la maschera. Come riconoscere le emozioni dalle espressioni del viso*, Giunti Editore, Firenze-Milano, 2007
- Ekman P., *Te lo leggo in faccia. Riconoscere le emozioni anche quando sono nascoste*, Amrita Editore, Torino, 2008
- Granone F. *Trattato di Ipnosi*, UTET, Milano, 1989
- Lewin K., *Teoria dinamica della personalità*, Giunti Editore, Firenze-Milano, 2011
- Lewin K., *Teoria e sperimentazione in psicologia sociale*, Il Mulino, Bologna, 1982
- Bize, P. R.,Drabovitch W., Flournoy H., Frois-Wittmann J., Laforgue R., *L'évolution psychiatrique. Cahiers de psychologie clinique et de psychopathologie générale. Fascicule III.* Librairie AER (Lorient, FR, France, Année 1935
- Hovland C. I., Janis I. L., Kelley H.H., *Communication and Persuasion*, Yale University Press, New Haven, 1953
- McGuire W. J., *Constructing Social Psychology: Creative and Critical Processes,* Cambridge University Press, 28 mar 1999
- Petty R. E., Cacioppo J. T., *Attitudes And Persuasion: Classic And Contemporary Approaches* Brossura, Jan 26, 1996
- Cacioppo J. T. *Emotional Contagion - Studies in Emotion and Social Interaction*, Cambridge University Press, 1993
- Solomon E. Asch, *Psicologia sociale,* Società Editrice Internazionale, Torino,1989
- Festinger Leon, Riecken Henry W., Schachter Stanley, *Quando la profezia non si avvera,*
a cura di Cavazza N. *Il Mulino, Bologna, 2012*,
- Festinger Leon , *Teoria della dissonanza cognitiva, Franco Angeli, Milano, 2001*
- Robert B. Dilts, Judith DeLozier, Deborah Bacon Dilts, *L'Evoluzione della Pnl -Dalle origini alla next generation,* Alessio R. Editore NLP ITALY Coaching School,Milano 2011
- Bruno F., *Temi di pedagogia sociale*, Ed. Pensa Multimedia, Lecce, 2009
- Grinder J, Delozier J., Bandler R. Patterns *The Hypnotic Techniques of Milton H. Erickson -* Vol. 2, Grinder & Associates – Usa, Dicembre 1977

- Bandler R. ,*Come la Programmazione Neuro-Linguistica può aumentare le tue vendite*, Alessio R. Editore NLP Italy Coaching School, Milano 2003
- Maslow A.H., *Motivazione e personalità*, Armando Editore, Roma, 2010
- Maslow A.H., *Verso una psicologia dell'essere*, Astrolabio-Ubaldini,Roma,1971
- Osborn Alex F., *L'Arte della Creativity Principi e procedure di creative problem solving*, Franco Angeli Edizioni, Milano, 2003
- Hall E. T. *La dimensione nascosta*, casa editrice Bompiani , Torino, 1968
- Andreoli V., *Le nostre paure*, Ed. Rizzoli, Milano, 2011
- Ancona L. *La dinamica dell'apprendimento*, Mondadori, Milano, 1982
- Morcellini M., *Passaggio al futuro. La socializzazione nell'età dei mass media*, F. Angeli, Milano, 1992
- Erickson Milton H. *Opere*. Roma, Astrolabio-Ubaldini, Roma, 1982
- Ferrarotti F., *L'empatia creatrice. Potere, autorità e formazione umana*, Armando Editore, Roma, 2011
- Ferracuti F. Ferracuti S., *Simulazione di malattie simulate,USES Edizioni Scientifiche Firenze, 1987*
- Oliverio Ferraris A., Sarti P., *Chi manipola la tua mente?*, Giunti Editore, Firenze, 2010
- Freud S., *Sogno, ipnosi e suggestione*, Newton Compton, roma 1985
- Nardone G. , *Solcare il Mare all'Insaputa del Cielo, Lezioni sul cambiamento terapeutico e le logiche non ordinarie, Ed.* Ponte alle Grazie, Firenze, 2008
- Favaretto A., *Il Metamodello - Come abbattere le barriere comunicative DVD*, HRD Training Group Edizioni
- Statera G. *Manuale di sociologia scientifica*, Seam Edizioni, Roma, 1996
- Lowen A., *Il linguaggio del corpo*, Feltrinelli Edizioni, Milano, 2011
- Ekman P. , *I Volti della Menzogna*, Giunti Edizioni, Firenze, 2011
- McLuhan M. Gli strumenti del comunicare, Ed. EST, Il saggiatore, Milano,1997

L'AUTRICE

Wanda Montanelli, Giornalista e Massmediologa. Laureata in Lettere presso l'Università degli Studi di Roma La Sapienza, è specializzata in *Fisiopatologia della Comunicazione Individuale e di Massa; Scienze della Comunicazione; Ipnosi Clinica e Sperimentale*. Ha condotto numerose ricerche nel campo della comunicazione, tra cui "La trama invisibile" nel testo non scritto dei talk show televisivi. Le sue analisi sono dirette all'approfondimento dei Condizionamenti sociali attraverso i Mass media,
I messaggi subliminali, Il linguaggio non verbale, La persuasione occulta. E' autrice della ricerca su "Ipnosi e comunicazione scenica" pubblicata dal periodico a carattere scientifico dell'Università di Roma La Sapienza "Rassegna di Psicoterapie" (1999).
E' Mediatore Professionista Civile e Commerciale dal 2011. In questo ambito considera le competenze in Programmazione Neuro Linguistica valido bagaglio culturale e risorsa tecnica per la gestione del conflitto in Mediazione.

Daniele Chibbaro

Mediatore Civile Professionista
Avvocato (*)

Il ruolo dell'avvocato in mediazione

INTRODUZIONE

I sistemi alternativi di risoluzione delle controversie e le abilità negoziali dell'avvocato

Lo stato di pressione in cui si trova il nostro servizio giustizia nel terzo millennio è sotto gli occhi di tutti: riforme continue, carenza di organico nelle cancellerie, carichi di lavoro insostenibili, sono un male che sembra immanente ai Tribunali, senza possibilità di guarigione.

Negli ultimi vent'anni il legislatore ha tentato, invano, di porre rimedio a questo stato di cose, così, nel 2009 si è pensato di ricorrere ad una soluzione esterna al processo. Pertanto, oltre alle consuete modifiche in merito ai termini ed alle preclusioni sui soggetti del processo, l'attenzione è stata rivolta ai sistemi alternativi di risoluzione delle controversie.

Con la *Legge 18 giugno 2009, n. 69,* l'Italia ha dato attuazione a quanto stabilito dall'Unione Europea, con la *Direttiva del Parlamento europeo e del Consiglio del 21 maggio 2008, n. 2008/52/CE* e, in attuazione della delega di cui alla citata Legge, è stato emanato il *D.Lgs. 4 marzo 2010, n. 28,* **in materia di mediazione finalizzata alla conciliazione delle controversie civili e commerciali.** Si è aperta, così, una fase storica che probabilmente sarà il banco di prova su cui si decideranno le sorti del processo civile italiano.

L'obiettivo è quello di educare ad una cultura della conciliazione, di evitare quindi il ricorso all'Autorità

Giudiziaria come approccio naturale alla risoluzione delle controversie.

Proprio all'avvocato è affidato un compito fondamentale per il compimento della riforma in oggetto e cioè quello di cimentarsi *"nell'arte della negoziazione"*.

Negli ultimi decenni è stata esaltata (almeno in Italia) l'attività meramente processuale dell'avvocato senza considerare che la crescente influenza del mondo giuridico anglosassone portava con sé la valorizzazione del *"consulente"*. Si pensi all'importanza del *Sollicitor* nel Regno Unito, il quale svolge esclusivamente funzioni di assistenza giuridica non-processuale e non certo per sparute minoranze di "ricchi".

L'introduzione della mediazione nell'Unione Europea può essere **un'occasione per rivalutare le funzioni stragiudiziali dell'avvocato** che, accrescendo la competitività nei confronti di altre professioni che si sono lentamente impossessate di tali funzioni, può conquistare un **vantaggio competitivo** nei confronti di quei colleghi che intendono restare trincerati nel loro ruolo processuale.

L'avvocato può trarre profitto dalla mediazione: non deve avere timore di essere espropriato della sua funzione di tutore dei diritti delle persone, ma anzi ha l'opportunità di diventare effettivo difensore degli interessi e dei bisogni delle stesse, di **saggiare le proprie strategie giuridiche**, di scoprire le "sviste" processuali proprie e quelle dell'altra parte, i fatti e gli interessi taciuti dal cliente che, successivamente, potrebbero gettare una luce nuova su un'eventuale futura causa.

Una mediazione può servire dunque anche a riconsiderare, in un contesto più ampio, i propri argomenti giuridici.

La posizione critica dell'avvocatura italiana

In tale contesto, è interessante verificare la posizione dell'avvocatura riguardo all'utilità della mediazione come strumento deflativo del carico di giustizia.
Subito dopo l'approvazione della Legge sulla mediazione, è esplosa la **discussione sul se la mediazione obbligatoria sia compatibile con la natura stessa dell'istituto**, sostenendosi la necessità che essa risponda ad una libera determinazione delle parti e non anche un obbligo eteronomo, imposto dalla legge o dal giudice. In tutta onestà, però, in un Paese come il nostro, che non ha mai conosciuto la cultura della mediazione civile, sembra impensabile che questa possa formarsi per libera spinta o adesione dei professionisti interessati, occorrendo, invece, necessariamente una forma di mediazione obbligatoria.
La norma ha però scatenato un'ondata di proteste e sono stati numerosi gli scioperi delle udienze proclamati dall'Organismo unitario dell'Avvocatura (Oua).
Uno degli aspetti più controversi della mediazione è, appunto, la sua **obbligatorietà**, che secondo l'associazione degli avvocati allungherebbe i tempi del procedimento per chi è deciso ad andare comunque davanti al giudice. La disciplina che introduce l'obbligatorietà della mediazione – sempre secondo l'Oua – sarebbe, infatti, viziata per eccesso di potere e per violazione degli artt. 3, 24, 76, 77 e 97 della Costituzione e meriterebbe di essere disapplicata per contrasto con i principi stabiliti della Carta dei diritti fondamentali dell'Unione europea.

Altri motivi di critica, per i legali civilisti, sono la mancanza di una disciplina sulla "**competenza territoriale**" (il cittadino può cioè essere convocato anche a centinaia di chilometri da casa) e la **scarsa qualifica professionale dei mediatori** (è sufficiente infatti una laurea triennale e un corso di 50 ore per poter esercitare).

La posizione dell'universo dell'avvocatura italiana è, dunque, chiaramente sfavorevole alla nascita di questo nuovo istituto: la mediazione favorirebbe i poteri forti violando i diritti dei cittadini comuni a ricevere giustizia e il connesso diritto di difesa, e costituirebbe un maldestro tentativo per risolvere il problema dello smaltimento della domanda giudiziaria.

* * *

Obblighi informativi e comportamentali dell'avvocato

All'indomani dell'entrata in vigore della nuova disciplina del *D.Lgs. n. 28/2010*, tra le disposizioni più contestate vi è sicuramente *l'articolo 4 comma 3 del decreto* che ha inserito l'espressa previsione del **dovere di informativa a carico dell'avvocato** in merito alla possibilità, ovvero all'obbligo in alcuni casi, di avvalersi del procedimento di mediazione. La norma stabilisce che "*all'atto del conferimento dell'incarico, l'avvocato è tenuto ad informare l'assistito della possibilità di avvalersi del* *procedimento di mediazione disciplinato dal presente decreto e delle agevolazioni fiscali di cui agli articoli 17 e 20. L'avvocato informa altresì l'assistito dei casi in cui l'esperimento del procedimento di mediazione è condizione di procedibilità della domanda giudiziale. L'informazione deve essere fornita chiaramente e per iscritto. In caso di violazione degli obblighi di informazione, il contratto tra l'avvocato e l'assistito è annullabile. Il documento che contiene l'informazione è sottoscritto dall'assistito e deve essere allegato all'atto introduttivo dell'eventuale giudizio. Il giudice che verifica la mancata allegazione del documento, se non provvede ai sensi dell'articolo 5, comma 1, informa la parte della facoltà di chiedere la mediazione."* Tale norma ha sollevato numerosi questioni interpretative che hanno creato notevole perplessità e incertezza tra gli avvocati, aumentando la già diffusa diffidenza rispetto al nuovo istituto della mediazione. I maggiori dubbi hanno riguardato soprattutto l'ambito di applicazione dell'obbligo: in realtà viene espressamente disposto che l'informazione debba riguardare tanto la possibilità, quanto l'obbligo di accedere alla mediazione nei *casi in cui la controversia rientri tra le materie previste dall'art. 5 comma 1 (condominio, diritti reali, divisione, successione ereditarie, patti di famiglia, locazione, comodato, circolazione di veicoli e natanti, responsabilità medica e diffamazione con il mezzo della stampa o con altro mezzo di pubblicità, contratti assicurativi, bancari e finanziari).* Informativa che, naturalmente, deve essere fornita in modo concreto, procedendo ad una effettiva disamina di tutte le ragioni che potrebbero indurre a scegliere la metodologia della mediazione quale valida alternativa all'instaurazione immediata del giudizio.

A ben vedere, però, il predetto dovere non è una novità assoluta della recente normativa, posto che il **codice deontologico forense all'articolo 40**, rubricato "**Obbligo di informazione**", impone di *"... informare chiaramente il proprio assistito all'atto dell'incarico delle caratteristiche e dell'importanza della controversia o delle attività da espletare, precisando le iniziative e le ipotesi di soluzione possibili. ... Se richiesto, è obbligo dell'avvocato informare la parte assistita sulle previsioni di massima inerenti alla durata e ai costi presumibili del processo. È obbligo dell'avvocato comunicare alla parte assistita la necessità del compimento di determinati atti al fine di evitare prescrizioni, decadenze o altri effetti pregiudizievoli relativamente agli incarichi in corso di trattazione. Il difensore ha l'obbligo di riferire al proprio assistito il contenuto di quanto appreso nell'esercizio del mandato se utile all'interesse di questi"*. Pertanto, rientra senza dubbio tra i normali compiti del legale quello di indirizzare la parte verso la mediazione quando la tipologia di controversia ne giustifichi o addirittura ne richieda l'utilizzo, spiegandole in cosa consiste la procedura, quale sia il ruolo del mediatore ed il valore del provvedimento conclusivo.

Venendo poi all'esame delle **sanzioni applicabili nel caso di violazione da parte dell'avvocato dell'obbligo di informazione**, la norma distingue i due piani del rapporto processuale e del rapporto professionale. Sul piano processuale, la violazione dell'obbligo rileva in quanto venga omessa l'allegazione dell'informativa all'atto introduttivo e comporta la possibilità per il giudice di supplire alla mancanza del difensore, informando la parte della facoltà di richiedere la mediazione. Oltre a compromettere il celere svolgimento del giudizio, questa mancanza, rischia di compromettere il rapporto con l'assistito, il quale verrà informato dal giudice della violazione commessa dal suo difensore e della conseguente possibilità di chiedere l'**annullamento del contratto di prestazione d'opera professionale**. A tale ultima previsione si ricollega la sanzione riguardante il rapporto professionale con il cliente. Infatti, in caso di violazione dell'obbligo di informativa, il cliente potrebbe agire in giudizio e chiedere l'annullamento del contratto e le eventuali conseguenti restituzioni. La sanzione dell'annullabilità del contratto di prestazione d'opera professionale oltre a non essere rilevabile d'ufficio, ma subordianta all'iniziativa della parte, non dovrebbe pregiudicare il diritto del difensore ad ottenere dal cliente un compenso per le prestazioni già svolte, nè può incidere sulla validità della procura alle liti e degli atti processuali compiuti dal difensore. In virtù della disciplina generale contenuta nell'*art. 2041 c.c.* (*Azione generale di arricchimento*) il *quantum* dovuto dall'assistito andrebbe però calcolato non secondo le tariffe o gli eventuali accordi tra le parti, ma secondo i criteri previsti dalla stessa norma, riconoscendosi al difensore il solo indennizzo per la correlativa diminuzione patrimoniale. La violazione, come già accennato, è invece destinata a rilevare sul piano della deontologia professionale (*ex art. 40 del codice deontologico forense*) e può quindi dar luogo all'applicazione di sanzioni disciplinari.

Per quanto riguarda i **comportamenti che deve tenere l'avvocato in mediazione**, è lo stesso codice deontologico forense a trattare la materia con un cenno all'*art. 54* (modificato dal CNF con la delibera del 15 luglio 2011) titolato **"Rapporti con arbitri, conciliatori, mediatori e consulenti tecnici"** ai sensi del quale *"l'avvocato deve ispirare il proprio rapporto con gli arbitri, conciliatori, mediatori e consulenti tecnici a correttezza e lealtà nel rispetto delle reciproche funzioni"*. Mediante l'introduzione dell'*art. 55 bis*, sono invece stati stabiliti gli **obblighi che l'avvocato deve rispettare quando si trovi nelle vesti di mediatore**: "*L'avvocato che svolga la funzione di mediatore deve rispettare gli obblighi dettati dalla normativa in materia e le previsioni del regolamento dell'organismo di mediazione, nei limiti in cui dette previsioni non contrastino con quelle del presente codice.*

I. L'avvocato non deve assumere la funzione di mediatore in difetto di adeguata competenza.
II. Non può assumere la funzione di mediatore l'avvocato:
a) che abbia in corso o abbia avuto negli ultimi due anni rapporti professionali con una delle parti;
b) quando una delle parti sia assistita o sia stata assistita negli ultimi due anni da professionista di lui socio o con lui associato ovvero che eserciti negli stessi locali.
In ogni caso costituisce condizione ostativa all'assunzione dell'incarico di mediatore la ricorrenza di una delle ipotesi di cui all'art. 815, primo comma, del codice di procedura civile.
III. L'avvocato che ha svolto l'incarico di mediatore non può intrattenere rapporti professionali con una delle parti:

a) se non siano decorsi almeno due anni dalla definizione del procedimento;
b) se l'oggetto dell'attività non sia diverso da quello del procedimento stesso.
Il divieto si estende ai professionisti soci, associati ovvero che esercitino negli stessi locali.
IV. E' fatto divieto all'avvocato consentire che l'organismo di mediazione abbia sede, a qualsiasi titolo, presso il suo studio o che quest'ultimo abbia sede presso l'organismo di mediazione."
Ovviamente il resto del codice contiene altre norme di principio dedicate all'esercizio della professione in generale, che certamente caratterizzano il ruolo dell'avvocato in qualunque contesto egli eserciti le proprie funzioni e, quindi, anche nell'ambito di una sessione di mediazione.

* * *

Una nuova offerta professionale al servizio del cliente

Tra mille polemiche, incertezze normative e interpretazioni giurisprudenziali risulta interessante scoprire quale sia il reale ruolo dell'avvocato nella mediazione.
Ai sensi dell'*art. 2 del d.lgs. n. 28/2010*, **chiunque può accedere – senza formalità particolari e senza l'assistenza di un difensore abilitato – alla procedura di mediazione di una controversia civile o commerciale**

avente ad oggetto diritti disponibili. La presenza di un difensore abilitato, quale assistente della parte in mediazione, può comunque rivelarsi assai vantaggiosa ai fini dell'ordinato e proficuo svolgimento di tutte le fasi della procedura. Al fine di contribuire al successo della mediazione quale efficace strumento di risoluzione delle controversie, appare tuttavia indispensabile che gli avvocati italiani esprimano oggi il massimo impegno – in adempimento, peraltro, ai loro obblighi deontologici di competenza e aggiornamento professionale – verso l'approfondimento, anche individuale, dello studio della mediazione e ciò non solo sotto il profilo procedurale, ma anche – e soprattutto – per ciò che concerne gli aspetti di tipo comunicativo-relazionale, non potendosi ritenere al riguardo sufficiente, date le peculiarità del nuovo istituto, la sola esperienza maturata nell'esercizio della professione. In tal senso, per avvalorare la necessaria complementarietà dell'avvocato durante e dopo la procedura, appare opportuno riprodurre l'esperienza della Stato della Florida dove la mediazione, come da noi, è stata inizialmente introdotta obbligatoriamente ma a tutt'oggi viene utilizzata comunemente come strumento di risoluzione delle controversie in tutti i venti circuiti giudiziari dello Stato e viene utilizzata anche dalle Corti federali, preferendo la via del Tribunale solo per casi di giustizia ordinaria. Anche in questo Stato all'inizio gli avvocati non erano a proprio agio nella procedura di mediazione, ma con il tempo e l'esperienza hanno imparato a prepararsi adeguatamente prima dell'inizio della procedura, consigliando il cliente nella scelta del mediatore, selezionato sulla base dello stile, della conoscenza della legge, delle norme etiche e dell'esperienza acquisita, ma anche predisponendo gli strumenti utili perché l'accordo raggiunto possa concretizzarsi attraverso l'atto successivo ed essere ottemperato da entrambe le parti con l'inserimento di apposite clausole.

E' interessante capire come cambia il compito ed il ruolo dell'avvocato dalla lite giudiziale alla mediazione. Nei conflitti generalmente si tende a vedere le parti come contrapposte in una sorta di duello ove al termine devono necessariamente uscirne un vincitore ed un vinto. I litiganti sono degli avversari ed i loro difensori hanno il precipuo compito di legittimare ed enfatizzare le contrapposte pretese, difendendole ad oltranza sulla scorta delle norme di diritto sostanziale e processuale applicabili, al fine di convincere un terzo dotato di poteri autoritativi, il giudice, della bontà di una tesi piuttosto che dell'altra, in modo tale che questi statuisca con un proprio provvedimento chi risulti vittorioso. L'atteggiamento normalmente tenuto dall'avvocato nell'ambito di un giudizio è di tipo puramente competitivo e, del resto, ciò che allo stesso viene richiesto dal cliente è di vincere la causa confutando ogni affermazione della controparte e demolendone qualsiasi argomento di prova, in modo tale che questa soccomba. Il conflitto, tuttavia, non è fatto solamente di posizioni antitetiche e tra di loro inconciliabili, ma anche di componenti nascoste costituite da *interessi, bisogni, paure, pregiudizi, emozioni, percezioni, incomprensioni*, talvolta complementari e perfettamente contemperabili e che giocano un ruolo fondamentale nella risoluzione dello stesso. Il più delle volte però i soggetti coinvolti non sono neanche in grado di identificarli o comunque preferiscono mascherarli dietro alle pretese ed alle posizioni di principio che inevitabilmente portano ad uno scontro diretto, ove le vere motivazioni delle parti spesso non trovano alcun riconoscimento e soddisfazione.

Il procedimento di mediazione, al contrario del giudizio, consente di far emergere proprio tali aspetti della disputa in modo tale che le parti medesime riescano, con l'assistenza del mediatore, ad acquisirne consapevolezza, comprendano il perché del dissidio e il come poterlo dirimere, capiscano che cooperare sia più conveniente che competere al fine di risolvere il comune problema, per giungere conseguentemente ad un nuovo assetto dei rispettivi interessi che possa essere di reciproca soddisfazione.

In tale contesto deve certamente modificarsi anche il comportamento del legale che si trovi ad assistere il proprio cliente. Il suo ruolo deve ritenersi di fondamentale rilevanza, non deve essere sminuito o in qualche modo pregiudicato dal ricorso ad una metodologia che si prefigge lo scopo di evitare che le dispute entrino nelle aule dei tribunali, anche se considerate il luogo tipico in cui l'avvocato possa espletare appieno la propria funzione di difensore dei diritti.

Si tratta senza dubbio di **una nuova sfida professionale** da affrontare con la necessaria competenza, al fine di garantire un apporto professionale al quale difficilmente le parti possono rinunciare, che richiede tuttavia un approccio culturale diverso da quello usuale.

Già al momento del primo contatto con il cliente il consulente ha la possibilità di valutare se l'opzione della mediazione possa essere la strada migliore da seguire, sia allorché la controversia abbia avuto inizio ed il conflitto sia pressoché manifesto, che precedentemente all'insorgere dello stesso, nella fase di definizione delle reciproche obbligazioni contrattuali.

In quest'ultimo caso la consulenza prestata può infatti avere ad oggetto anche l'inserimento e la stesura di apposite clausole di mediazione, al fine di suggellare l'impegno di avvalersi di strumenti flessibili, rapidi ed efficaci per la risoluzione delle eventuali controversie. Eventualmente nella stessa clausola si può addirittura indicare l'organismo presso il quale ci si impegni ad attivare la relativa procedura.

Nella prima ipotesi, invece, l'avvocato ha il compito di scegliere e consigliare il sistema più adeguato per la risoluzione della controversia, valutando tutta una serie di elementi, quali le contrapposte posizioni delle parti in fatto ed in diritto, i precedenti giurisprudenziali, le prove a disposizione e le possibilità di assolvere al relativo onere probatorio, il rapporto costi-benefici delle diverse iniziative possibili, le esigenze di riservatezza, l'interesse dei contendenti a mantenere i rapporti commerciali e/o personali per il futuro, le diverse questioni emotive e le percezioni dei valori in gioco, l'eventualità che siano proprio soluzioni in sé non giuridiche le migliori per superare quella disputa.

L'avvocato, dunque, ove venga investito da un cliente di una problematica che transiti per mediazione, per ragioni di obbligatorietà, per ragioni di opportunità, perché demandata dal giudice o, infine, per obbligo contrattuale, svolge comunque un ruolo centrale in tutte le fasi del suo lavoro che sono essenzialmente tre:

1. **FASE INTRODUTTIVA E PREPARATORIA**: *prima della mediazione prepara accuratamente il caso studiando la vicenda ed elaborando la strategia, redige eventualmente l'istanza di mediazione e/o l'atto di adesione, valuta le alternative possibili con la parte preparandola all'incontro con il mediatore e spiegando la procedura e, ove la parte elegga domicilio presso di lui, tiene i contatti con la segreteria dell'organismo di mediazione presso il quale pende la procedura;*

2. **L'INCONTRO DI MEDIAZIONE**: *durante la mediazione, assiste il proprio cliente nella discussione con la controparte anche sollecitando il mediatore, ma senza prevaricarlo;*

3. **L'ESITO E L'EVENTUALE ACCORDO**: *al termine della procedura redige sovente l'accordo e, in seguito, ove l'accordo preveda l'esecuzione di prestazioni di durata, ne verifica, ove richiesto dalla parte, la puntuale attuazione.*

Il breve quadro delineato, *che più avanti verrà meglio sviluppato*, consente di tracciare una figura dell'avvocato non lontana da quella di tutti i giorni, ossia di un legale che non necessariamente e non esclusivamente venga chiamato dalla parte a difendere e/o rappresentare, ma piuttosto di colui che **assiste, talvolta difende, ma non**

necessariamente rappresenta. È doveroso quindi sottolineare come la mediazione non sia un processo né, entro certi limiti, una sua anticipazione.

E' qui che risiede la vera novità per l'avvocato. **La mediazione non è un modello che avanza per regole e forme**, come un processo, ma è procedimento dove tutto ruota intorno alla volontà di ricercare una soluzione che si può esprimere in modi diversi e non necessariamente rispondenti ai rigidi canoni di una disposizione processuale.

Nella libertà che deve governare un procedimento di mediazione (accompagnata dalla volontà di trovare un accordo), è necessario far risaltare maggiormente gli aspetti relazionali delle parti affinché il mediatore, sollecitato dall'avvocato, agevoli il dialogo tra le parti e/o con il collega, lo scambio di informazioni, il chiarimento sui rispettivi interessi e così via.

L'avvocato nella mediazione assume quindi un ruolo non centrale come quello che la *ratio* del procedimento affida alle parti in conflitto, ma neanche marginale come si è voluto far credere: piuttosto un ruolo strategico, volto alla compartecipazione attiva nella gestione degli scambi comunicativi e, non da ultimo, degli aspetti fattuali e giuridici della vicenda.

Il successo della mediazione non dipende solo dalla bravura del mediatore e/o dalla volontà delle parti di trovare una soluzione alternativa, ma dipende in larga misura dalla preparazione del cliente da parte dell'avvocato che lo assisterà nel corso del procedimento.

L'avvocato prepara la strategia negoziale, raccoglie tutte le informazioni e valuta tutte le questioni rilevanti che, ove non accuratamente eseguite, potranno certamente influire negativamente sul procedimento.

La fisionomia dell'avvocato nella mediazione, dunque, non è molto lontana dall'avvocato nel processo: preparazione, serietà, capacità relazionale e, soprattutto, rispetto dei ruoli e della volontà del cliente che, però, nel caso della mediazione, sarà maggiormente consapevole.

* * *

La fase introduttiva della procedura di mediazione e la redazione della domanda all'organismo

In questa fase, al di là della preliminare e necessaria valutazione sul rischio giuridico della controversia, l'avvocato deve innanzitutto verificare se la questione posta alla sua attenzione rientri fra le materie per le quali l'esperimento del procedimento di mediazione è previsto quale condizione di procedibilità della domanda giudiziale. Al fine di avviare il procedimento di mediazione – sia che questo costituisca condizione di procedibilità rispetto al potenziale giudizio, sia che rappresenti il frutto di una libera determinazione da parte del cliente – **occorre scegliere, sia pur in assenza di regole legali di competenza, l'organismo dinanzi al quale proporre la relativa domanda.**

La scelta – che dovrebbe ricadere su una località che agevoli (e, comunque, non scoraggi) la presenza della controparte posto che, al contrario, verrebbe frustrato sin dall'inizio lo spirito conciliativo che dovrebbe caratterizzare la procedura in esame - può dipendere da vari elementi, rispetto ai quali le capacità tecniche e l'esperienza di un avvocato potrebbero offrire un considerevole valore aggiunto. Al riguardo, infatti, è necessaria non solo un'analisi comparativa del regolamento degli organismi di riferimento, ma anche un'attenta valutazione sia sull'idoneità tecnica dell'organismo rispetto alla natura della controversia in essere (e, quindi, fra l'altro, la disponibilità, nelle sue liste, di mediatori che, per competenza e professionalità, risultino adeguati al compito che verrà loro assegnato) sia sui costi del procedimento di mediazione (attraverso un'analisi delle tariffe degli organismi).

Dopo aver identificato l'organismo di mediazione, **è necessario redigere la domanda di mediazione e fissare l'incontro**. Proprio la redazione della domanda di mediazione – com'è evidente – è attività rispetto alla quale l'apporto tecnico di un giurista è in grado di fornire indubbi vantaggi. A cominciare dall'attenta disamina nella scelta dei documenti che si intendono depositare, e quelli, invece, da tenere riservati e comunicare soltanto al mediatore durante le sessioni separate. Inoltre, l'istanza di mediazione, pur distinguendosi dalla domanda giudiziale per una maggior snellezza e per l'assenza di forme particolari, deve essere in grado non solo di identificare l'oggetto della controversia, ma anche di produrre in favore della parte gli specifici effetti giuridici che la legge riserva a tale atto.

L'assistenza di un legale appare ancor più necessaria qualora la controversia abbia ad oggetto atti soggetti a trascrizione poiché, non essendo allo stato prevista la trascrivibilità della domanda di mediazione, ove si volesse procedere con tale formalità sarebbe comunque necessario provvedere alla contestuale redazione di un atto di citazione, alla notifica dello stesso (con fissazione dell'udienza successiva al decorso dei quattro mesi previsti quale termine per l'esperimento della mediazione) e alla relativa trascrizione.

Prima di procedere alla comunicazione della domanda di mediazione alle altre parti, l'istante (ovvero il suo legale) deve necessariamente attendere che l'organismo di mediazione designi il mediatore e fissi la data del primo incontro tra le parti (art. 8, comma 1). Gli effetti sostanziali della domanda di mediazione – e, in particolare, quelli interruttivi o sospensivi della prescrizione e quelli impeditivi della decadenza (art. 5, comma 6) – iniziano quindi a decorrere dal momento dall'avvenuta comunicazione.

* * *

La preparazione all'incontro di mediazione

Se è vero che il cliente è il vero protagonista dell'incontro di mediazione (poiché questi non solo è a conoscenza delle questioni sostanziali e dei fatti storici all'origine della controversia, ma è anche l'unico titolare del potere dispositivo sui diritti soggettivi che diverranno oggetto della procedura di mediazione), durante la sua preparazione - la c.d. "**assistenza preventiva**" - il legale svolge, comunque, un ruolo di fondamentale importanza.

In tale fase prodromica, l'avvocato è in grado di far meglio comprendere alla parte la natura della mediazione e la procedura applicabile, prepararla al ruolo che il mediatore andrà a rivestire, far emergere i suoi interessi e i suoi bisogni, sia quelli alla base delle pretese prospettate, che quelli estranei alla controversia portata in mediazione, ma utili ai fini della conciliazione della lite. Allo stesso tempo, bisognerebbe cercare di immaginare anche i reali interessi dell'altra parte, identificando le migliori e le peggiori alternative per giungere ad un accordo ragionevole e che possa essere accettato da tutti.

Alla luce di ciò, l'avvocato ha il compito di pianificare la strategia negoziale e il tipo di approccio da adottare nell'incontro, individuando con la parte anche il c.d. *"punto di indifferenza"* oltre il quale diviene conveniente rinunciare all'accordo e lo spazio di possibile trattativa, cominciando quindi a preparare pure le varie opzioni negoziali. Del resto, un giurista è certamente in grado di prevedere gli ostacoli alla riuscita della mediazione e, quindi, di supportare il cliente nella individuazione del miglior risultato possibile e nella valutazione anticipata dei potenziali contenuti dell'accordo amichevole.

* * *

L'incontro di mediazione

Terminata tutta l'attività preparatoria il consulente, previa verifica che il suo cliente abbia tutti i necessari poteri per disporre del diritto controverso e sia comunque munito di idonea procura, ha il compito di partecipare insieme allo stesso all'incontro di mediazione. In detta fase l'avvocato, ben conscio della peculiarità del suo incarico, che non consiste affatto nel dover convincere un terzo dotato di poteri decisori della bontà e fondatezza dei propri assunti, deve **aiutare il proprio cliente a gestire la comunicazione con il mediatore e l'altra parte**.
Strutturalmente articolato in più momenti distinti, l'incontro di mediazione inizia con una sessione congiunta, che costituisce il momento in cui per la prima volta il mediatore, le parti ed, eventualmente, i rispettivi avvocati, si incontrano formalmente. In questa fase il mediatore, dopo una breve illustrazione delle regole della procedura, inviterà le parti ad esporre le proprie considerazioni sui vari aspetti oggetto della controversia. Nonostante il ruolo di primo piano che dovrà essere assunto dalla parte, l'avvocato potrà comunque svolgere un'importante funzione intervenendo, ove necessario, al fine di chiarire i risvolti giuridici della controversia. La presenza, durante la sessione congiunta, di entrambi i difensori delle parti dovrebbe risultare peraltro assai utile anche ai fini della creazione e del mantenimento di un clima sereno e di un atteggiamento collaborativo in modo da mantenere la discussione tra le parti entro i limiti di un proficuo scambio di informazioni volto all'individuazione dei problemi da affrontare. Terminata la sessione congiunta, il mediatore

potrà decidere di far proseguire la discussione e la negoziazione attraverso sessioni private ed individuali. Anche in questa fase, l'avvocato può utilmente affiancare il proprio cliente rassicurandolo, in particolare, sulla riservatezza – sia verso l'esterno, sia nei confronti della controparte (*art. 9, comma 1*) – delle dichiarazioni rese al mediatore nel corso delle sessioni private. In questo modo, essendo garantita una maggior libertà di espressione e di contenuti, la parte potrà rendersi maggiormente disponibile a riferire al mediatore qualsiasi circostanza utile ai fini della soluzione della controversia. Significativa in tale prospettiva è l'assistenza dell'avvocato, perché il legale è l'unico in possesso della preparazione tecnica necessaria a mettere in luce le debolezze e i punti di forza della strategia del proprio cliente e di quella della controparte. Nel caso di partecipazione all'incontro di mediazione, pertanto, l'avvocato non dovrà cercare di persuadere il mediatore della fondatezza delle ragioni del proprio cliente (mirando al raggiungimento del massimo risultato per quest'ultimo), ma dovrà piuttosto impegnarsi affinché le parti raggiungano una soluzione condivisa.

* * *

L'esito della mediazione e la rilevanza giuridica dell'accordo

Si appalesa imprescindibile la consulenza del legale anche al momento della stesura per iscritto dell'accordo raggiunto, che deve essere trasposto in un testo giuridicamente strutturato e privo di nullità sia formali che sostanziali. Il mediatore, infatti, potrebbe essere carente di formazione giuridica e, nel fare le sue valutazioni, potrebbe ritenere che per raggiungere il giusto accordo tra le parti sia esaurito il suo ruolo di "*facilitatore*" e non reputi, quindi, più opportuno prestare consulenza per l'aspetto prettamente giuridico dell'accordo, delegando gli avvocati a tale missione. Pertanto, nonostante l'*art. 11 1º comma* lasci pensare ad una redazione dell'accordo conciliativo da parte del mediatore, lo stesso potrebbe non essere in grado di assolvere pienamente tale compito.

L'accordo – riconducibile all'autonomia negoziale delle parti e non certo all'autorità decisionale del mediatore – viene qualificato come un vero e proprio contratto di transazione. Tenuto conto della sua idoneità a produrre specifici effetti nella sfera giuridica delle parti, considerato che lo stesso potrebbe essere eventualmente trascritto (*art. 11*) e avendo riguardo altresì al valore di titolo esecutivo attribuitogli dal legislatore (*cfr paragrafo successivo*), l'accordo amichevole – soprattutto nel caso in cui il mediatore non sia un giurista – può essere meglio predisposto con l'ausilio degli avvocati delle parti (se non dagli avvocati stessi) e ciò al fine di assicurare che il suo contenuto ben rifletta l'effettiva volontà dei litiganti e risulti idoneo a produrre gli effetti voluti.

Nel caso in cui invece il procedimento di mediazione non si concluda positivamente, lo stesso consulente è certamente in grado di valutare in modo più approfondito e realistico la situazione del cliente, proprio sulla scorta degli approfondimenti, degli interessi e delle alternative emerse durante l'incontro, che potrebbero essere rivalutate al fine di addivenire comunque ad un accordo a seguito di una successiva trattativa diretta.

Altra ipotesi da prendere in considerazione è che l'accordo non venga spontaneamente raggiunto dalle parti nel corso della procedura conciliativa. Il mediatore, in questo caso, può decidere di esercitare il "*potere creativo*" attribuitogli dal legislatore valutando se formulare o meno una propria proposta di accordo informando le parti stesse delle conseguenze che il loro rifiuto potrebbe produrre sulle spese processuali relative ad un eventuale successivo giudizio. Se richiesto da entrambe le parti, il mediatore è invece obbligato a formulare una proposta conciliativa. In ogni caso, deve comunicare per iscritto la propria proposta alle parti e, in mancanza di risposta entro i successivi sette giorni, la stessa deve intendersi rifiutata. In caso di accoglimento della proposta deve redigere un processo verbale che deve essere sottoscritto da lui stesso e dalle parti; in questo caso il mediatore può certificare l'autografia della sottoscrizione delle parti ovvero la loro impossibilità a sottoscrivere.

Anche di fronte ad una proposta del mediatore, l'assistenza di un avvocato potrebbe rivelarsi assai utile per gli stessi motivi sopra evidenziati, soprattutto nel tenere adeguatamente conto delle varie alternative e delle relative conseguenze giuridiche (per esempio per ciò che concerne, ai sensi dell'*art. 13 del d.lgs.*, cit. il regime della condanna alle spese nel successivo ed eventuale giudizio). Tutto ciò senza considerare che il legale stesso potrebbe indicare al mediatore (ad esempio, nella risposta) eventuali piccoli correttivi e/o modifiche che potrebbero meglio riflettere, sul piano giuridico, gli effetti derivanti dall'eventuale accordo.

Chiarita, dunque, l'importanza dell'assistenza di un legale anche in questa fase, è opportuno approfondire la natura giuridica dell'accordo sottoscritto dalle parti.

L'atto in cui si traduce l'accordo è **espressione dell'autonomia negoziale delle parti**. Nel rispetto dei **limiti dell'ordine pubblico** e **delle norme imperative** posti dall'art 12 del decreto, si può all'interno della procedura di mediazione – e diversamente da quanto avviene adendo la via giudiziaria dove c'è coincidenza tra chiesto e pronunciato – andare oltre ogni aspettativa o richiesta iniziale. In questo modo le parti potrebbero trovare una soluzione che non ristori solo il lato economico, ma appagare anche altri aspetti altrettanto salienti, come quello della sfera emotiva (si pensi al caso di una persona che sia stata diffamata apertamente e che, oltre a un minimo di risarcimento, vorrebbe vedere reintegrato la sua reputazione e il suo diritto all'onore attraverso pubbliche scuse).

Compito dell'avvocato è riuscire a far tradurre queste volontà in atti negoziali validi. Nella stesura dell'atto, è necessario che egli valuti attentamente l'eventuale natura novativa o meno dello stesso, con gli effetti che ne discendono.

A tal proposito, è possibile distinguere, con riferimento all'efficacia dell'atto sul rapporto preesistente, tra una **transazione semplice** ed una **transazione novativa**. La transazione semplice comporta la modifica di alcuni aspetti del rapporto preesistente, il quale, per quanto non ha formato oggetto di considerazione, permane immutato. Se, ad esempio, Tizio e Caio discutono circa l'entità del corrispettivo dell'appalto e si accordano allo scopo di porre fine alla diatriba (Tizio rinunzia a contestare alcuni difetti, Caio ad esigere l'intero corrispettivo pattuito originariamente), il precedente rapporto comunque rimane intatto. Mentre la transazione novativa porta all'estinzione integrale del precedente rapporto e alla sua sostituzione con quanto scaturisce dall'accordo transattivo. Qualora Tizio e Caio, che controvertono dei vizi dell'opera e della misura del corrispettivo dell'appalto, convengono che l'appaltatore divenga proprietario di quanto realizzato, versando all'appaltante una quota di prezzo commisurata al valore dell'apporto dei materiali forniti da quest'ultimo, è palese che il nuovo accordo si sostituisce in toto al precedente.

La distinzione si impernierebbe, quindi, sulla compatibilità o meno dei precedenti vincoli giuridici rispetto all'assetto di interessi, raggiunto per il tramite dell'accordo transattivo (Cass. Civ. Sez. III, 4008/06; Cass. Civ. Sez. II, 10937/96; Cass. Civ. Sez. II, 1400/86).

* * *

Efficacia esecutiva dell'accordo

Le norme sulla mediazione hanno ampliato notevolmente la sfera dei titoli idonei all'esecutività. Infatti, l'*art. 12 del D. Lgl 28/2010* prevede che il verbale di conciliazione, una volta omologato dal Presidente del Tribunale nel cui

circondario ha sede l'organismo, costituisce titolo esecutivo per l'esecuzione forzata, l'esecuzione in forma specifica e per l'iscrizione di ipoteca giudiziale.
E' stato così superata la tassatività dell'*art. 2818 del codice civile*, secondo il quale solo la sentenza o gli altri provvedimenti giudiziali cui la legge attribuisce tale effetto possono consentire l'iscrizione dell'ipoteca sui beni del debitore ed attribuendogli così un'opportunità in più rispetto al verbale di conciliazione emanato in giudizio.
Per ottenere l'**omologa** il verbale di conciliazione suddetto deve essere sottoposto dal Presidente del Tribunale ad un duplice vaglio: quello sulla **regolarità formale**, relativo alla sottoscrizione o idonea motivazione dell'impossibilità delle parti a sottoscrivere, ma anche sulla **regolarità sostanziale**, nel senso di non essere contrario all'ordine pubblico o a norme imperative.
Si è voluto così evitare che le parti addivengano a regolare i propri interessi con uno strumento, quale l'accordo conciliativo, di cui non potrebbero usufruire in sede privata, che serva a scavalcare i divieti del diritto sostanziale.
Affinché dunque il verbale in questione non sia *contra legem*, occorrerà sicuramente una giusta dose di buon senso delle parti, del mediatore e, si ribadisce, dell'avvocato dei soggetti in causa, il quale dovrà mettere a disposizione dei protagonisti la sua formazione forense ed esperienza nella materia oggetto di mediazione.
Data per assodata l'importanza della presenza dell'Avvocato durante la stipula del verbale, non può essere trascurata la rilevanza del suo ruolo con riguardo al successivo passo che dovrà essere fatto sia nel caso di esito

positivo che in quello negativo da parte del giudice dell'omologa. Interpretando l'*art. 12 del D Lgl 28/2010*, che parla di istanza di parte, si può dedurre che spetti al legale che ha assistito la parte "lesa" durante la procedura, completare l'opera di assistenza svolta inoltrando tale istanza.

Diverso è il caso previsto dall'*art 11, 3 comma del D Lgl. 28/2010* lì dove prevede che, nel caso in cui l'accordo concluso dalle parti contenga un contratto o un atto previsto dall'*art. 2643 c.c.* relativo a beni immobili, ci dovrà essere autentica della sottoscrizione del processo verbale da parte di un pubblico ufficiale a ciò autorizzato, affinché si possa conferire allo stesso la qualifica di titolo idoneo alla trascrizione dell'atto.

Evidentemente riportando qui la stessa terminologia usata dal legislatore agli *artt. 2657 e 2703 c.c.* e all'*art. 474 c.p.c.*, si è voluto attribuire al verbale di conciliazione in oggetto, utilizzabile come titolo esecutivo, un controllo di **legalità sostanziale** che la semplice omologa non avrebbe potuto dare.

Il compito del notaio è quindi esteso, oltre che all'attestazione dell'identità personale dei sottoscrittori e al preventivo esame di liceità del contenuto dell'atto, anche al controllo di legalità sostanziale del documento, ai fini richiesti per la pubblicità immobiliare. Ad esempio, oltre alla capacità di agire delle parti e agli eventuali poteri di rappresentanza, deve verificare gli accertamenti ipocatastali ventennali che assicurino la provenienza del documento dall'effettivo proprietario dell'immobile e l'assenza di gravami pregiudizievoli, la presenza dei documenti allegati richiesti per la validità degli atti relativi a diritti reali immobiliari, si pensi in tema di normativa edilizia ed urbanistica, di certificazione energetica, regime patrimoniale per le persone coniugate. Prima del notaio, è cura dell'avvocato stesso accertarsi che tali adempimenti siano stati eseguiti ed eventualmente far colmare le lacune, al fine di evitare il diniego della trascrizione dell'atto.

Sempre ai fini della pubblicità immobiliare e del conseguente trattamento fiscale, anche per le agevolazioni previste dal decreto in esame, è necessaria la scelta della forma negoziale da attribuire all'atto: di *scrittura privata autenticata o di atto pubblico ad substantiam* a seconda del negozio che si intende concludere, se *compravendita, o datio in solutum, o divisione, ecc.*.

Per evitare che l'accordo venga disatteso, i consulenti e le parti dovranno valutare l'inserimento di clausole in esso a tutela del suo futuro adempimento.

Tale possibilità è espressamente prevista dall'articolo 11 del decreto in esame, in cui è sancita la possibilità che sia prevista una somma di denaro *"per ogni violazione o inosservanza degli obblighi stabiliti ovvero per ritardo nel loro adempimento"*.

Circa la natura delle clausole inserite nell'accordo, atteso che l'autonomia negoziale possa creare strumenti risarcitori e non sanzionatori, si potrebbe pensare di associarle all'*art. 1382 c.c.*, che prevede in caso d'inadempimento o di ritardo nell'adempimento, che uno dei contraenti sia tenuto ad una determinata prestazione pecuniaria nei confronti dell'altro, attribuendo loro la natura risarcitoria della clausola penale, che è sicuramente autonoma sia rispetto all'inadempimento del contratto che rispetto al danno, ma si concorda con chi ritiene che questa interpretazione porterebbe ad escludere la possibilità di far valere eventuali richieste risarcitorie legate al mancato adeguamento dell'accordo.

Per quanto riguarda il momento dal quale si debba far decorrere il ritardo nell'adempimento, sarebbe preferibile inserire nell'accordo il termine per il compimento delle azioni pattuite, in modo da dare al giudice un punto di riferimento da cui partire per la determinazione della somma da infliggere.

Alla luce di quanto detto, si ritiene che per ottenere un risultato soddisfacente per i propri interessi in una mediazione sia *condicio sine qua non* la collaborazione e sinergia di tutti i protagonisti, intendendosi per tali non solo le parti e il mediatore designato, ma anche chi dovrà assisterli e consigliarli sin da prima che inizi la procedura, fino ad arrivare alla fase successiva ad essa.

* * *

Compensi dell'avvocato in mediazione

Per tutte le menzionate attività l'avvocato merita sicuramente adeguati compensi, da non confondersi con l'indennità dovuta all'Organismo di mediazione, che si calcola secondo il valore della controversia.

L'errore in cui il cliente rischia di incorrere è quello di sottovalutare il lavoro dell'avvocato e credere che, nella fase della mediazione, il suo operato sia molto più semplice rispetto a quello di una fase giudiziale. In realtà, questo genere di assistenza è quasi sempre molto più complesso di quello che si immagina un utente e, quando la complessità non è insita nel caso in sè può derivare dal carattere di controparte o del suo avvocato, ma, certamente, ci sono infiniti fattori che possono ostacolare il raggiungimento di un accordo.

Innanzitutto, trattandosi di un'assistenza legale all'interno di un procedimento molto breve (durata massima quattro mesi) rispetto ad una causa ordinaria, il lavoro dell'avvocato è spesso concentrato in molte ore consecutive e in un coinvolgimento anche emotivo e mentale che non si ha nei procedimenti più dilatati nel tempo. Inoltre, il suo lavoro consiste nel presentarsi a molti incontri con il mediatore e/o con il collega di controparte, interagire quasi quotidianamente con il proprio assistito, dedicare molta parte del proprio tempo di avvocato a pensare a qualche idea di composizione della vertenza, a discuterne con il legale avversario, esaminare documenti ecc...

Insomma, il compenso dell'avvocato sembrerebbe più che giustigicato. Anzi, se si pensa che, in meno di quattro mesi viene risolta una questione riguardante un problema di divisione, servitù, acquisto immobiliare, o simili e che, senza mediazione, sarebbero stati necessari diversi anni di causa per risolvere la controversia, la parcella dovrebbe essere anche più alta rispetto ad un'assistenza in un procedimento ordinario. Infatti, a ben vedere, l'avvocato che lavora correttamente, che s'impegna seriamente affinché la conciliazione vada a buon fine, può far raggiungere al proprio cliente una soluzione potenzialmente ancora migliore di quella che avrebbe avuto con una sentenza o un provvedimento del giudice e può fargli risparmiare anni di incertezze e denari versati in spese legali.

Esaminiamo ora quali sono i criteri che l'avvocato segue per stabilire il proprio compenso.

Nonostante il tariffario forense approvato con *DM 08.04.2004 n. 127* non sia più in vigore, perchè abrogato dal *d.l. 1/2012*, rimane comunque un'importante guida di riferimento per l'emissione delle parcelle da parte degli avvocati in attesa dell'entrata in vigore di nuovi parametri per la liquidazione dei compensi redatta dal Ministero della Giustizia. Tale tariffario non quantifica il compenso professionale dovuto all'avvocato per l'assistenza al procedimento di mediazione, all'epoca non ancora introdotto nell'ordinamento processuale. Contiene soltanto un fugace riferimento alle procedure conciliative nel processo del lavoro, per le quali prevede l'applicazione della tabella "stragiudiziale" (*Norme generali Tariffa Civile art. 12*).

Per analogia – certamente ammessa in materia tariffaria – **anche al procedimento di mediazione appare applicabile la tabella "stragiudiziale"**.

Infatti, tra *"conciliazione"* e *"mediazione"* sono ravvisabili evidenti analogie: entrambe constano di un procedimento scevro da formalità, fuori dagli schemi del processo civile, e quindi "stragiudiziale", il quale può culminare in un "verbale di accordo" che – omologato dal Tribunale – è suscettibile di assumere l'efficacia di titolo esecutivo (art. 12 D. Lgv. n. 28/2010).

La tabella stragiudiziale prevede compensi distinti per l'attività di "**consulenza**" e per l'attività di "**assistenza**". La "consulenza" comporta l'espressione di pareri orali o scritti senza contatto con la controparte. Invece nell'attività di "assistenza" tale contatto è elemento essenziale (si può affermare che l'avvocato il cliente se lo "*affianca*" nel trattare una vertenza o un affare con la controparte).

Poiché nel procedimento di mediazione il contatto con controparte è essenziale ("catalizzato" dall'intervento del mediatore), all'avvocato appare dovuto il compenso per l'attività stragiudiziale di "*assistenza*" (Tab. D n. 2).

L'importo dell'onorario per la redazione dell'istanza di mediazione può essere mutuato dalla voce "*redazione diffide, ricorsi, esposti, relazioni...*" (*Tar. For. Tab. D n. 2 lett. e*), in rapporto alla complessità dell'atto (se l'istanza consta di una sintetica richiesta di convocazione delle parti, senza particolare illustrazione degli elementi di fatto e di diritto controversi, il relativo onorario può essere attribuito in misura prossima al minimo; altrimenti occorre valutare la complessità dell'atto e adeguarvi il compenso).
L'onorario per assistenza alla riunione con il mediatore e con la controparte può essere mutuato da quello previsto per le "*conferenze di trattazione*" (fuori studio, collegialmente con altri professionisti) con la controparte (*n. 2 lett. d*).

A mero titolo esemplificativo, le voci di una parcella-tipo per un procedimento di mediazione andato a buon fine possono essere così articolate:

(DM 08.04.2004 n. 127 – Tab. D n. 2)

 a. *- posizione ed archivio*
 b. *- sessioni (per ognuna, a studio o fuori studio, con o senza altri professionisti);*
 c. *- corrispondenza postale o telefonica (per ognuna);*
 d. *- esame e studio della pratica;*
 e. *- redazione istanza di mediazione;*
 f. *- assistenza alla riunione con il mediatore e la controparte.*

Non appare dovuto l'ulteriore autonomo onorario per *"assistenza alla redazione del contratto"*. Infatti tale onorario – determinato a percentuale sul valore della pratica - comprende ogni attività accessoria, e non si cumula con l'onorario applicabile per ogni singola attività prevista al *n. 2 della cit. Tab. D*, ma è alternativo a questo.
Il valore della pratica è determinato ai sensi dell'*art. 10 co. 1 c.p.c.* (valore del *petitum* iniziale). Il valore del *decisum* è assunto a base della determinazione delle spese di lite poste a carico del soccombente ex *art. 91 c.p.c.*
In caso di domanda iniziale generica il valore della pratica è quello determinato all'esito della mediazione.
Per l'istanza al Tribunale di omologazione (previa verifica formale) del verbale di accordo - trattandosi di attività processuale non contenziosa, tesa alla formazione del titolo esecutivo - appaiono applicabili i soli "diritti" di cui alla *Tab. B parte II n. 75* (unico importo forfettario per l'intera attività prestata).

Non si ritiene invece applicabile un onorario, perché nella fase di omologazione non assume rilievo un'attività di carattere intellettuale (studio della controversia, consultazioni, sessioni, etc.) che possa giustificare un compenso a tale titolo.
Un onorario è previsto esclusivamente per l'eventuale fase di esecuzione (che ha inizio con il pignoramento).

* * *

FONTI

Nel testo "Il ruolo dell'avvocato in mediazione" *sono presenti alcuni passaggi di relazioni, articoli e scritti di:*

- ➤ *Angelo Monoriti;*
- ➤ *Giampaolo Di Marco;*
- ➤ *Rosalia Rinaldi;*
- ➤ *Elisabetta Mazzoli;*
- ➤ *Diego Comba;*
- ➤ *Guglielmo Preve.*

* * *

L'AUTORE

Avv. Daniele Chibbaro

Nato a Milano il 30 gennaio 1982.
Maturità classica conseguita nel luglio del 2000.
Laurea in Giurisprudenza conseguita il 1 aprile 2005.
Avvocato dal 16 ottobre 2008.

Mediatore professionista civile e commerciale dal 5 dicembre 2011.

Attualmente impegnato a Roma e a Trieste nell'attività di avvocato occupandosi principalmente del settore civile, sia in campo giudiziale che stragiudiziale, con particolare riferimento alla materia della responsabilità civile relativa alla circolazione stradale e alle ulteriori ipotesi extracontrattuali, ma anche di diritto di famiglia (separazioni, divorzi, eredità, etc.), del recupero crediti, delle vertenze immobiliari e delle locazioni, della contrattualistica, delle vertenze condominiali.

Accreditato come mediatore professionista presso gli organismi:
- *"Area Mediazione"* di Roma
- *"AEMME Servizi"* di Roma
- *"Promo Consult"* di Trieste

INDICE ANALITICO
(l'indie sintetico è a pag. 5)

➤ *Pag. 7 - La diffusione della Cultura della Mediazione civile* (di Fosca Colli):
    pag. 10 - Messaggi distorti
    pag. 10 - Mediazione, uno spot discutibile
    pag. 15 - Disinformazione? Ecco l'<antidoto>
    pag. 17 - Iniziative lodevoli ma tanto c'è ancora da fare
    pag. 20 - "I love Mediazione Civile"
    pag. 22 - Boom per la Mediazione civile con la chiusura di sedi distaccate dei Tribunali?
    pag. 24 - La Mediazione? A suon di musica!
    pag. 26 - La Mediazione in aiuto delle famiglie e delle scuole nella lotta al bullismo
    pag. 33 - L'Autrice Fosca Colli

➤ *Pag. 35 - Programmazione Neuro Linguistica (Pnl) nella gestione del conflitto in mediazione* (di Wanda Montanelli);
    pag. 39 - La PNL. Il lavoro del Mediatore
    pag. 41 - Le emozioni
    pag. 42 - LINGUAGGIO NON VERBALE DEL MEDIATORE
    pag. 45 - La scuola di Palo Alto
    pag. 46 - COMUNICAZIONE CIRCOLARE, SIMMETRICA, O COMPLEMENTARE
    pag. 46 - La circolarità della comunicazione
    pag. 47 - Comunicazione simmetrica e complementare
    pag. 48 - PAUL WATZLAWICK, IL GRANDE COMUNICATORE
    pag. 48 - Pragmatica della comunicazione, umorismo, manipolazione
    pag. 49 - I segni logici e analogici della comunicazione
    pag. 51 - La postura

pag. 52 – INTERPRETAZIONI PSICOANALITICHE DELLE POSTURE (tabella)
pag. 53 - RICONOSCERE L'ESPRESSIONE FACCIALE DELLE EMOZIONI (tabella)
pag. 53 - INDICATORI NON VERBALI DELLA MENZOGNA (tabella)

pag. 54 - I MECCANISMI DELLA PERSUASIONE
pag. 54 - L'adeguamento alle opinioni altrui
pag. 55 - Le sei fasi della persuasione

pag. 56 - SEGNALI DACCESSO DEL MESSAGGIO (tabella)
pag. 57 - Percorsi differenziati della persuasione
pag. 57 - Puntare sulla paura
pag. 58 - Autorevolezza e credibilità della fonte
pag. 58 - La tecnica del giudizio sospeso

pag. 61 - LA METAFORA DELL'ICEBERG
pag. 61 - Piramide di Maslow
pag. 61 - L'ascolto, le regole, gli indizi
pag. 62 - Il caucusing

pag. 63 - TECNICHE DI PROBLEM SOLVING creativo
pag. 63 - Lo schema del win-win
pag. 64 - La risorsa del Batna-Watna

pag. 65 - PROGRAMMAZIONE NEURO LINGUISTICA
pag. 66 - Pace pace and lead
pag. 67 - Calibrare, regolare l'accuratezza di uno strumento
pag. 67 - Rapport, matching e mirroring
pag. 68 - Motivazione
pag. 68 - Profezia che si auto avvera

pag. 70 - **CONCLUSIONE**
pag. 70 - Lo sguardo
pag. 71 - I movimenti del corpo e la postura
pag. 71 - Lo spazio

pag. 74 - *Bibliografia*

pag. 77 - L'Autrice Wanda Montanelli

➢ *Pag. 80 - Il ruolo dell'avvocato in mediazione* (di Daniele Chibbaro).
- pag. 81 - INTRODUZIONE - I sistemi alternativi di risoluzione delle controversie e le abilità negoziali dell'avvocato
- pag. 83 - La posizione critica dell'avvocatura italiana
- pag. 84 - Obblighi informativi e comportamentali dell'avvocato
- pag. 89 - Una nuova offerta professionale al servizio del cliente
- pag. 96 - La fase introduttiva della procedura di mediazione e la redazione della domanda all'organismo
- pag. 98 - La preparazione all'incontro di mediazione
- pag. 100 - L'incontro di Mediazione
- pag. 101 - L'esito della mediazione e la rilevanza giuridica dell'accordo
- pag. 105 - Efficacia esecutiva dell'accordo
- pag. 109 - Compensi dell'avvocato in mediazione
- pag. 114 - *FONTI*
- pag. 115 - L'Autore, Avv. Daniele Chibbaro

Edito nel settembre 2012
Codice ISBN-13 978-1479254767
© *Marco Baroni*
e-mail stenos@stenos.it – fax 06.233248638

www.ingramcontent.com/pod-product-compliance
Lightning Source LLC
Chambersburg PA
CBHW061513180526
45171CB00001B/156